have do getで英語は9割伝わります!

とっさの英語に強くなる! 魔法の万能3動詞

ジュリアーノ熊代
(ヤマトイングリッシュ代表)

登場人物

ジュリアーノ先生

英会話講師。ブラジルと日本のハーフ。見た目は完全に外国人だが、生まれも育ちも純日本で、英語はもともと全く話せなかった。赤点レベルの英語力で、17歳で単身10か月の米留学へ。絶望的に通じない日々に挫折を味わうが、あの手この手で伝わる英会話を模索。
帰国後、英検1級を取得し1000人以上の生徒に直接教える中で独自メソッド「ヤマトイングリッシュ」を確立。特技は空手(三段)と居合道(二段)。趣味はプラモデル製作。

ゆかりさん

海外旅行好きの34歳会社員。様々な英語学習法を試し、英会話学校に2回通うも、単語を並べるカタコトの状態から上達せずに、ちょっぴりやさぐれ中。

ここは、表参道の並木通り沿いにあるヴィンテージマンションの一角。

そこに「have do getで英語は9割伝わります」「日本人は世界一英語に向いています」などと、一見怪しげなメソッドをうたう英会話スクールがあった。

うわさを聞きつけてやってきたのが、本書の主人公ゆかりさんである。「そんなうまい話あるか」と半信半疑ではあるものの、「ほんとだったら嬉しいな」と聞きに来た。

先生、改めて聞きますけど、日本人が世界一英語に向いてるってほんとですか。

はい。本当ですよ。

いやいやいや、信じられません。私なんて何年も勉強してるのに、いつまでたっても単純な英文すら、とっさに出てこないんです。フィーリングで単語を並べて乗り切っているんですけど、いまだにカタコトです。

「とっさに出てこない」っていうのがまさに、英会話で最も多いお悩みなんです。でも原因はシンプルです。単純な英文すら反射的に話せないのは、**「わかる」が「使える」になってない**からです。単語や文法で身に付けた知識は、それを使う場としての実践練習が必要です。

うーん、確かに。単語とか文法を勉強しても、いざ会話となると全然使いこなせません。どうすればいいんですか。

覚えた単語や文法は、オンライン英会話で即使ってみる。これをひたすら繰り返すことで、「わかる」がどんどん「使える」に変わります。

オンライン英会話か……なかなか勇気が出なくて……。

ハードル高いイメージがありますよね。でも**初心者にこそ最適**です。使い方次第で1回150円ほどのレッスンが、超一流講師によるオーダーメイドの個人レッスンに化けますよ。使わない手はありません。この本では、オンライン英会話と自主学習を組み合わせて、3つの力を上達させる方法をお伝えします。

いつまでたっても話せない原因は

3つの力不足

1 実践力　実践が足りないと……

＊単純な英文すらとっさに言えない。

＊せっかく覚えた単語や文法が実践で使えない。

＊ゆっくりな会話しかできない。

2 語彙力　語彙が足りないと……

＊「あの単語なんだっけ」とよく止まってしまう。

＊同じ単語ばかり使い、表現が単調になる。

3 文法力　文法理解が足りないと……

＊英文作成のプロセスがわからず、フリーズ。

＊語順が乱れて伝わらない。

＊単語を並べる話し方から上達しない。

＊いつまでも単純なことしか話せない。

1 実践力アップには

オンライン英会話を使い倒す！

いいとは聞くけど、なかなかハードルが高いですよね。本書では、そんな方でも一歩踏み出しやすくなる方法をまとめました。

オンライン英会話は、24時間どこでもできる、コスパ最強の素晴らしいシステムです。ただし講師はプロでない場合も多く、**学習プランや課題は自分で考える必要があります。**

ポイントは、継続と主導権。各回の目的（使いたい表現や話題）を決めてから挑まないと、何を話していいかわからないうちに終わってしまい、上達につながりません。効果を実感できないと継続も難しくなります。

そこで本書では、ページを開いたその日からやるべきことがわかるよう、以下のような提案をしています。

* 各レベルでのオンライン英会話の使い方（各 **Mission** ページ参照）

* 各レベルで実践中に気を付ける **or** 気にしなくていいポイント

* 実践前後の自主学習におすすめの教材や学習法

2 語彙力アップには

即効で3000語増やす方法

すぐには信じてもらえないかもしれませんが、日本人の語彙力は世界一です。

英語の日常会話に必要な単語数は、2000語だといわれています。一方、**日本人が自然に会得している英単語の数は、なんと3000語以上。**

あらゆるところで、カタカナ言葉として英単語が使われている。こんな国、日本だけです。あとは実践で使えるようにすればいいだけ。カタカナ言葉を今すぐ語彙力に変える方法は、23ページでお伝えします。

また、英語がとっさに出てこない原因の多くが、「動詞に迷う」ことにあります。英語の基本文型はSVO(主語・動詞・目的語)。Sは迷うことなく言えるはずですが、問題はV。そんな時は、**万能3動詞have/do/getを思い出してください。**

だいたいはこの3動詞で乗り切れます。万能性については、56ページでお伝えします。

3 文法力アップには

使える順に学び直す！

文法学習のいいところは、終わりがある点です。

学生時代は、暗記やひっかけに苦しんで、うんざりした記憶があるかもしれませんね。しかし、**会話に必要な文法は中学時代の3分の2程度**です。

本書では必要な項目を厳選し、よく使う順にお伝えしていきます。

「わかる」を「使える」に変えるには、オンライン英会話との連動が命。

今日習った文法を実践でどう使うか、その方法をお伝えします。

ペットのモモンガ
コンコルドちゃん

3つを同時に鍛えれば
4か月後にぺらぺらも夢じゃない

覚えた語彙や文法は、オンライン英会話で即使う。これが無理なく着実にぺらぺらになる近道です。多くの人は、3つのどれかに偏って勉強してしまったり、今覚えなくていい単語や文法を覚えようとしてしまいます。

知識ばかりがたまってしまうと、選択肢だけが増えてかえって頭が混乱してしまいます。

大切なのは、レベルに合わせた内容で、3つを同時に鍛えることなのです。

日本人は世界一英語に向いています。

あなたの英語への誤解が解けて、苦手意識が消えるまで、何度でも言います。

日本人は世界一英語に向いているし、英語は必ず話せるようになります。

と、大層なメッセージから自己紹介を始めてみました。

みなさんはじめまして。著者のジュリアーノ熊代です。

私は2011年の開業以来、マンツーマンで主に大人の方を指導してきました。最初はカフェの一角の席をお借りして。途中から、東京の表参道にオフィスを持ちました。教えるかたわらNHKの番組の翻訳や、ミスインターナショナル世界大会での通訳など、英語を使って様々な仕事を行ってきました。

その中で、様々なノウハウが積もり積もって、本が出るに至りました。

今では「先生」と呼ばれる私ですが、元々の英語力は本書をお読みのあなたよりも、ずっとずっと低いものでした。

じつは、私の父も英会話講師です。

ところが、あまりに不真面目で学習意欲のなかった私は、父を何度も失望させました。

文法も暗記も大嫌いで、高校の試験では赤点を取りました。外国人に言われた言葉がわからず、電子辞書で調べてようやく「マヌケ」という意味だったと気付く。そんな残念な学生でした。

このような低みからスタートしたことが、私の強みにもなりました。

多くの英会話講師が通常は見過ごす「当たり前だけど、当たり前じゃないこと」に気づけたのです。

* 高校の小テストで全く思いつかなかった英単語たち。でもそれらは、過去にアニメで見て知っていたこと。
* 留学先のアメリカで、クラスメイトの言うことはいつも全然聞き取れない。なのに日本の漫画の話題だと、急に話についていけること。
* 新しく覚えた文法は、自分が使ったあとだと、聞きとり力も上がること。
* 単語がわからない時、電子辞書で調べるよりも、言い換えたほうが早いし会話が楽しいこと。

これらは「英語ができる人」からすると当たり前です。しかし私は、ひとつひとつ深い実感を伴いながら習得し、ちょっとずつ上達していきました。

こんな劣等生だった私を、今では「先生」と呼んで、時間を割いてお金を払ってくださる生徒さんたちがいます。

私はどうにか恩に報いようと、生徒さんが限られた時間の中で効率よく上達する方法はないか探し続けました。

そこで、過去の個人的な挫折や経験に多くのヒントがあると気づきました。上手くいった経験からは、成功の要素を。上手くいかなかった経験からは、失敗の理由を。

その過程で、バラバラのノウハウが整理され、パターンが見つかり、汎用性が高まり、メソッドとして成立しました。

このメソッドは、元英語弱者だった私を「先生」と呼んでくれた、日本人の生徒さんのおかげで作れたものです。

だから私はこのメソッドを「ヤマトイングリッシュ」と呼んでいます。

ヤマトイングリッシュは、誠実に聞こえます。

ヤマトイングリッシュは、ネイティブも驚く語彙を自然に使いこなします。

ヤマトイングリッシュの文法は、わかりやすく、誤解されにくいです。

ヤマトイングリッシュは、トラブルにも強いです。言いたい単語をド忘れした程度では、会話は止まりません。

もし英語に悩む誰かを少しでも救えるなら。

もし英語が難しくてつまらないものだと思っていた人が、楽しくて役に立つと気付けたなら。

本書によってあなたの夢が叶うなら、こんなに嬉しいことはありません。

私が辛い思いをして登った山を、次はあなたが登らないといけません。

でもあなたには、私が見つけた一番楽なコースをガイドします。道中で疲れたら、何度だって背中を押して差し上げます。

大丈夫です、日本人は世界一英語に向いています。

さぁ一緒に、ステキな景色を見にいきましょう！

レベルアップマップ

学習プランを立てる際に参考にしてください。

	基礎	初級
学習時間の目安	1か月	2か月
本書の内容	Lesson1・2	Lesson3・4
話せる話題	普段のスケジュールや好き嫌いについて	過去の出来事とその感想
英語だけで自然に話せる時間	5分	15分
状態	「英語でコミュニケーションが取れる」と相手には思われるが、こちらはいっぱいいっぱい。	自己紹介ができる。 「最近あったこと」を話せるので間がもつ。 複雑なことはまだ話せない。
文法の精度	単語を並べているだけでSVOになっていない。	SVO文型が作れる。 それ以外のミスが多い。
会話文の精度 〈例文〉 この前申し込んだ抽選があたって、今度家族とハワイに行くの。 学ぶ前なら「えーと。ファミリーハワイゴー」というカタコトが、各レベルでこのように変化します。	I have free ticket. I go to Hawaii my family. 無料のチケット持ってます。私家族ハワイに行きます。	I tried…gamble, I got free ticket Hawaii. My family and I go together. ギャンブル…に挑戦して、無料のハワイチケットが当たりました。家族と一緒に行きます。
英検二次試験(スピーキング)換算	—	4級

中級	上級	達人級
4か月	8か月	早くて1年2か月 (私の生徒さん最速記録)
Lesson5・6	Lesson7・8	ー
起承転結のあるエピソード 心情・意図表現	映画のあらすじや ニュースの説明	何でもどんとこい
30分	60分	話題があるならいくらでも
過去の話に肉付けができて、より楽しい話ができる。使える表現も多いので、意図が通じやすい。	思いつかない単語を的確に言い換えられる。 言いたいことは何らかの方法で言える。	母国語と同じ速さで話せる。日本語で考えていない。同じことを何通りもの違う表現で言える。 みんなが嫉妬するレベル。
細かいミスはあるが支障なく伝わる。	関係代名詞などで語順を時々間違えるが、概ねミスは少ない。	エクセレント!
I won a free ticket at lottery, I'm going to go to Hawaii with my family. 抽選で無料のチケットが当たって、家族とハワイに行く予定です。	I won a free ticket to Hawaii by the lottery I applied a while ago, I'm going with my family. ちょっと前に応募した抽選でハワイ行きの無料チケットが当たって、家族と行ってきます。	You see this ticket? This ticket can give my family a dream vacation to Hawaii. They're going to respect me again. このチケットが見えるかい?これは俺の家族をハワイで幸せにしてくれる夢のようなチケットだ。これさえあればきっとみんな俺のことをもう一回尊敬してくれる。
2級	準1級	採点側になれるレベル

もくじ

Lesson 2
初心者でも実践が怖くなくなる3つのコツ

Lesson 3
会話のキャッチボールを楽しもう！

Lesson 6

時制の表現を広げよう!

Lesson 7

時制の表現をさらに広げよう!

ガイダンス
日本人のすごいポテンシャル

話せなくて当たり前

ぺらぺらじゃなくても東大に行ける日本

学校で６年も英語を勉強したのに、日本人は全然喋れませんよね。英語に向いてないのかなって……。

いえいえ、そんなことはないですよ。そもそも中高の英語の授業は、英会話の習得を目的としていません。テストで満点でも、話せないほうが普通です。

授業を受け、宿題をこなし、入試を乗り越えた。それでも話せないのは、語学の才能がないわけでも、日本人に英語が向いてないわけでもありません。**単純に英会話を習う機会が一度もなかった。**それだけなのです。

才能のせいじゃない……！

そうです。英語は勉強すれば、だれでも話せるようになりますよ。

日本でリスニングテストがセンター試験に導入されたのが2006年。それ以前の学生たちは、**英語を聞いて何ひとつわからなくても難関大学に行けてしまったんです。**今は変わりつつありますが、やっぱり学校の勉強だけだと実践不足で話せるようになりません。だからこそ、オンライン英会話がおすすめなんです。

日本人のすごいポテンシャル

眠れる3000語を呼び覚まそう

でも、オンライン英会話はいきなりはハードル高いです……。

大丈夫ですよ。初心者に効果的な使い方もお伝えします。一度、試しにどこかのサイトをのぞいてみてください。その充実したサービスに驚くはずです。初心者向けの先生やレッスンも選べますよ。
その前に、真っ先に知っていただきたいことがあります。日本人にしかできない語彙力の増やし方「ポテンシャル語彙力」です。
英会話を始めてまず目指すのは「最低限正しい文法でキャッチボールができる」状態。ただ、どんなに便利なテクニックやフレーズがあっても、言うべき単語が頭にないとキャッチボールができません。

単語の知識はやっぱり大切ってことですか。

そうですね。ゆかりさんは、言いたい単語がわからなくて困ったことありませんか？

しょっちゅうです。思い出せなくて会話が止まっちゃうんです。「あの単語何だっけ」とか「先週習ったのに」とか。そもそも、単語の暗記も苦手です。

ここでは、すでに持っている宝を活かそう、という話をします。新しく

覚える単語もありますが、その前にまず「今のポテンシャルを理解しようよ」という話です。

ポテンシャル、ですか。はあ。

信じてもらえないでしょうが、**日本人の英単語の語彙力は世界一です。**日常会話に必要な単語数なんか軽くクリアしてます。

え、いや、信じられません。いやいや、日本人の英語力なんてワースト1では？

それ、それです！　今ワーストと言いましたが、まさにそんな風に、私たちの生活には膨大なカタカナ言葉が溶け込んでいます。使っている意識がないだけです。

まあ、確かに今使いましたけど。そんな大した数じゃないでしょ。

3000。

はい？

私たちが自然に会得している英単語の数は、3000語以上です。

え、そんなに？

英語の日常会話に必要なのは2000語だと言われています。

日本では、英語でコミュニケーションをとるわけでもないのに、母国語を差し置き3000語もの英単語が使われている。しかも毎年、増えている。こんな国、日本だけですよ。

……確かに「カタカナ言葉」って考えると、けっこう使ってますね。じゃあなんで実践だと出てこないんだろう。

英単語とカタカナ言葉がリンクしてないからです。カタカナ言葉が日本語として脳内で確立していて、英語と結びつかないんです。

どういうことですか？

例えば、「輸入」「展示」「市場」「復讐」を英語にすると？

いやいや難し過ぎますよ。知らないです。

インポート、ディスプレイ、マーケット、リベンジ。

……知ってる！

こんな風に「ディスプレイ」と英単語そのものを言われるとわかるけど、「展示する」を英語で言おうとすると思いつかないわけです。その2つの言葉がつながってないので。

それってどうやったらつながるんですか？

カタカナ言葉を見聞きする度に「これ日本語だと何だろう？」と考えることです。さっきの「ワースト」は日本語だと？

最低、とかですか？

そうです。では「最低の彼氏」は英語で言えますか。

えー、ワースト……

ボーイフレンド。

知ってた！　確かに「ボーイフレンド」って言われるとわかるけど、日本語からは行きつかないわけですね。でも、これって所詮カタカナ言葉で本物の英語じゃないですよね？　和製英語は通じないって聞きましたよ。

確かに「サラリーマン」など通じない言葉や「テンション」のように意味が変わってしまった言葉もあります。しかし全体の数に比べると誤差レベル。

そしてまず目指すのは「キャッチボール」です。何か言葉を思いついたら、間違いの可能性があっても言ってみたほうがいいんです。

でも「その英語、通じない！」とか、あちこちで聞きますよ。テレビでも見ました。3000語知っていても、使えない言葉が大半なんじゃないんですか？

その誤差レベルの話を、繰り返しネタにしているだけです。「その英語、通じるよ」だと、人は興味を持ちません。「その英語、通じない！　使えない！　日本人は英語ができない！」と言わないと、だれも興味を持ちません。そのせいで「語彙力が足りない」と思い込む人がこんなに増えてしまった。本当は3000語も知っているのに。

そうだったんですか……でも正直まだちょっとピンときません。

「あなたは本当はすごい人ですよ」と急に言われても、信じられないですよね。これから英単語を日常生活の中でちょっとだけでいいので、

意識してみてください。生活に溶け込んでいるカタカナ言葉の数に驚くはずです。それを見聞きする度に、日本語とつなげてください。それだけで使える単語がどんどん増えていきます。

それならできそうです!

ただ単語の勉強が全くいらないかって言うと、そうでもないんですよ。例えば「最近」って単語がわかりますか?

えー、いや、わからないです。

recently。これはカタカナ言葉にはありませんが、日常会話ではよく使います。確かに私たちは3000語以上知っているのですが、「日常会話に必要な語彙」を網羅しているわけじゃなくて、ちょっと偏りがあります。

例えば「satellite(人工衛星)」などの専門用語まで知っていても「often(よく、頻繁に)」など日常的に使う単語を知らなかったりします。なので、そのあたりは少しずつ覚えていかないといけません。

結局あんまりおいしい話じゃなかったですね。

そう思いますか? 自分がすでに持っている宝に気づいただけでもいいじゃないですか。もしこれからフランス語でも学ぼうとするなら、すべて新しく覚えるんですよ? ファザー、マザー、バースデー。すべて覚え直しです。彼、彼女、私も全部です。

それはキツい……確かにそう考えるとすごいアドバンテージですね。

そう、アドバンテージなんですよ。それでは「アドバンテージ」これは

日本語で？

えー、長所？

はい。これで次回「長所」と言いたい時にアドバンテージを思いつける確率が90パーセントくらいになりました。

この「ポテンシャル語彙力」と万能3動詞を組み合わせると、すごいことになります。

万能3動詞の話、早く聞きたいです！

この3動詞には何度も助けられることになります。

have do getについてはもう少し後でお伝えしますね。

使える英単語をすぐに3000増やす方法

日本人は膨大な数のカタカナ言葉を知識として持っています。

が、残念ながら「アドバンテージ」がわかっても、「長所」という言葉からは「アドバンテージ」をなかなか思いつけません。

この分断された英語と日本語をつなげるのに効果的な方法、それが**「日常でカタカナ言葉を見聞きする度に、日本語の意味を考える」**習慣です。

とはいえ、普段から気にするのはなかなか疲れますよね。

そこで、スマートフォンを使ったお手軽な方法を紹介します。

Facebook、Twitter、Instagram、何でもけっこうです。いろんな人の投稿を見てください。

見慣れた画面ですがよくよく見ると、カタカナ言葉がかなり使われているのがわかりますか？

出勤中、寝る前、ちょっとした休憩に3単語だけ、など少しでも大丈夫です。次の日には新しい投稿で違うカタカナ言葉が流れてくるので、飽きもきません。

これを習慣にできると、英会話で使える単語が何の苦労もなくどんどん増えていきます。

もし日本語が浮かばなくても大丈夫。

手元のスマホですぐ調べられます。

スマホを使って習慣化！

　知っているカタカナ言葉は、あなたのポテンシャルです。試しにSNSを見てみましょう。すぐにたくさんのカタカナ言葉が見つかるはずです。それを、頭の中で日本語に変換するだけで、どんどん語彙力がアップします。

カスタマー
⇩
お客様
サポート
⇩
支援
セミナー
⇩
講座
グリル
⇩
焼く
熊代ジュリアーノ
39分前
今日は英語カスタマーサポート対策セミナーの後、スタッフとビアガーデンへ。バジルソースで肉をグリルすると何であんなにおいしいんだろう。誕生日のメンバーがいたので、スパークリングのボトルも入れちゃいました。明日はクライアントのプライベートジムのプレオープン！
ガーデン
⇩
庭
ソース
⇩
タレ
バジル
⇩
大葉
いいね！
コメントする
コメント
⇩
感想

ポテンシャル語彙の例

「実は知ってた」「聞いたことある」を優先して、馴染みのある言葉をリスト化しました。並べてみると当たり前の言葉に見えますが、会話の場では全然思いつかなかったりします。2つの言葉を、脳内でつなげてみてください。

映画

※初心者におすすめの話題です（84ページ）。

監督	ディレクター	director
脚本	シナリオ	scenario
主人公	メインキャラクター	main character
敵	エネミー	enemy
仲間	コンパニオン	companion
山場	クライマックス	climax
最初	ビギニング	beginning
中盤	ミドル	middle
最後	エンド	end
場面	シーン	scene
字幕	キャプション	caption
笑える	コミカル	comical
泣ける	アンハッピー	unhappy

買い物

値下げ	ディスカウント	discount
在庫	ストック	stock
売り切れ	ソールドアウト	sold out

商品	アイテム	item
レジ	レジスター	register
店員	ショップスタッフ	shop staff
客	カスタマー	customer
店長	マネージャー	manager
返品	リターン	return
返金	マネーバック	money back
支払う	ペイ	pay
包装	パッケージ	package
ビニール袋	プラスチックバッグ	plastic bag
領収書	レシート	receipt

仕事

上司	ボス	boss
社長	プレジデント	president
職場	ワークプレイス	work place
給料	サラリー	salary
休み	オフデイ	off day
社員	ワーカー	worker
同僚	コワーカー	co-worker
取引先	クライアント	client
売り上げ	セールス	sales
昇進	プロモーション	promotion
市場	マーケット	market

定年退職	リタイア	retire
出張	ビジネストリップ	business trip

旅行

観光地	サイト	sight
観光客	トラベラー	traveler
おみやげ	ギフト	gift
予約	ブック（ダブルブッキング、知ってますよね？）	book
地元の	ローカル	local
充電ケーブル	バッテリーケーブル	battery cable
無料	フリー	free
集合場所	ミーティングプレイス	meeting place
乗り継ぎ	トランジット	transit
直通便	ノンストップフライト	non-stop flight
送迎	ピックアップサービス	pick-up service

堂々と話せば通じます!

日本語なまりは直さなくていい

ジュリアーノ先生の関連動画をチェック!

先生、オンライン英会話が必要なのはわかったんですけど、私、発音がコンプレックスなんです。喋るのが恥ずかしくって……。

きれいな発音には誰しも憧れますよね。ところで、もしゆかりさんが英語を話して、外国人に「素敵だな」「誠実そう」って思われたとしたら、どう感じますか?

え、いいじゃないですか。すごく憧れます。

いいですよね。では今のゆかりさんの発音はどんな印象をもたれると思いますか?

……下手とか頭悪そうとか。

想像するとつらいですよね。ところで「英語のなまりによって与える印象が違う」ことはご存じですか? 例えばフランス語なまりの英語とか、ドイツ語なまりの英語とか。

よくわからないです。

フランス語なまりなら、優雅な印象になります。こういったイメージは映画の影響もあります。昔は悪役にドイツ人が多かったので、ドイツ語なまり＝悪役の印象でした。今ならエンジニアや頭が良さそうなイメージでしょうか。

フランス語なまりが優雅っていうのは、何となくわかります。

一方、日本語で考えるとどうでしょう。フランス語なまりの日本語も、ドイツ語なまりの日本語も、イメージの違いがありません。日本人以外が日本語を話すようになって歴史が浅いので、そういうイメージがまだ存在しません。全部まとめて「外国人が話す日本語」です。
話は戻って、映画の中での日本人のイメージはどうだと思いますか？例えばハリウッド映画では。

パッと浮かばないんですけど…え、渡辺謙……？

彼の影響は非常に大きいと思います。国や有名人の印象はなまりの印象にも影響します。「出っ歯に眼鏡とカメラ」の日本人像はもはや過去のもの。今は映画やアニメのおかげで日本語なまりは「誠実」「魅力的」という印象になります。

そんな風に思われてるんですね、なんか嬉しいです。

だから、もしゆかりさんが、日本語なまりの英語を話せば「素敵」「誠実」だと思ってもらえます。ネイティブの発音でなくていいんです。実際に、世界ではあらゆる国のなまりが個性として受け入れられています。

え、でも、アスリートが英語でインタビューされると、「発音が下手」とか言われますよね。

実は「日本人の英語」に世界一うるさいのは、同じ日本人です。そういったことを言うのは、日本のメディアだけです。世界では「通じればいいじゃん」という雰囲気ですよ。
少し立場を変えてみましょう。インドから2人ゆかりさんの会社に新入社員が来たとしましょう。1人が覚えてきた日本語で挨拶をします。少し聞き取りにくいけど、彼の名前も熱意も伝わりました。もう1人が「お前、そんな発音だと笑われるぞ。恥ずかしいやつだな」と言っています。ゆかりさんは彼を笑いますか?

いや、伝われば十分ですよ。笑ったら失礼です。

それが普通の感覚ですが、なぜか日本人同士では異様に厳しくなり、その感覚を失います。サッカー選手のロナウドにポルトガル語で質問した少年への反応など、ひどいものでした。
しかし世界は違います。私たちが英語を学ぶのは、日本人以外とコミュニケーションをとるためです。
日本語なまりの英語でも、「下手」「頭悪そう」ではなく、「素敵」「誠実」だと思われるということです。だからゆかりさんは、そのままの発音でOKです。渡辺謙さんのように、堂々と話してください。

なるほど……! 急に意識を変えるのはちょっと難しいですが、でもちょっと気が楽になりました。

何も引け目に感じる必要はありません。そこまでわかってもらえたら、実践へのハードルがぐっと下がりませんか?

た、たしかに! 早くやりたくなってきました!

Lesson 1

まずは語順の感覚をインストール

英語は語順が命！

まずは日本文の動詞から英語にしよう

さぁ、単語の増やし方はばっちりですね。次は、その単語を正しく並べて、伝わる文章を作りましょう。

あの、haveとかgetの話ってまだですか……。

それはこの次です。haveもgetも文章に組み込んで使うので、そもそもの英文の作り方を知らないと使いこなせません。

まぁ確かに……。どうすればいいんですか？

英語は語順が命。まずは語順に慣れましょう。
さてゆかりさん、英語を話す時は、いつもどうやって考えていますか？

うーん、言いたい内容の日本語に合わせて、単語やフレーズをフィーリングでつなげてます。

それで伝わる場合もありますが、語順の感覚を磨くとフィーリングの状態から一気に上達しますよ。
ゆかりさんは今、日本語から英語にしていますよね。その時に、まずは日本文末尾の動詞を探して、英語にしてみてください。私はこれを「動

詞ファースト」と呼んでいます。

末尾の動詞、ですか？ 逆から作るってやりにくそう……。

これは、日本語と英語の構造の違いを活かした方法です。例えば「今日は家族と新宿に行くんです」という文。日本語の順番のまま英語にすると「Today, my family Shinguku go.」と、間違った語順になってしまいます。

そうではなく、**日本文末尾の動詞から英語にしていきます。**

……動詞って何でしたっけ？

この文なら「行く」。「新しいシューズがほしい」なら「ほしい」。

「ほしい」も動詞なんですか？

はい。「行く」より動詞っぽくない印象ですが、これもそうです。どちらも文末にありますよね。

確かに。何となくわかりました。あ、「わかる」も動詞か。動詞はいつも、日本文の末尾にあるんですか？

はい、そうです。

あれ、でも「ここは私の席ですよ」みたいな文には、動詞がありませんよね。

その場合でも、この方法は使えますよ。動詞がなかったら、be動詞というものを使います。詳しくはLesson4でお伝えしますね。

ここではまず、動詞があるパターンからいきましょう。
ちなみに、しばらくは名詞の前のaやthe(冠詞と言います)、三単現のSなどの細かい文法は、忘れて構いません。

え、やったー!

そういうのは、後から気にすれば十分です。今はとにかく、最低限正しい語順に慣れるのが第一優先です!

はーい!

(ちょっとキゲンが直ってきた……!)

日本語と英語の構造の違い

ここでは、英語と日本語の「構造の違い」を理解しながら、文章の作り方を学んでいきます。

英語で話す上で理想の状態とは

英語で考える → 英語で話す

ですが、これが最初からできたら苦労はしません。

英語を学び始めた状態では

日本語で考える → 日本語を英語に変換 → 英語で話す

というステップをたどる必要があります。

では、日本語と英語はどんな構造になっているのでしょうか。

今日はいい天気ですね
It's a beautiful day!

日本語の構造＝動詞は文末

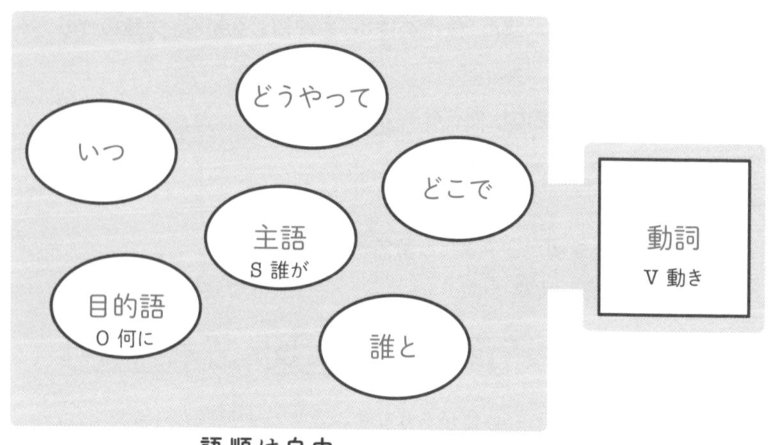

語順は自由

日本語では、いつ、どこで、誰がといった様々な情報が最初にきて、全て「動詞」に集約します。つまり、**「動詞」で文が終わる形**です。動詞で文章が終わりさえすれば、その前の情報の順番は自由度が高く「主語＝誰が」がなくても成立します。

今日は新宿に家族と行くんです。
V

家族と今日は新宿に行くんです。
V

自由度が高いのでどちらも成立しますが、動詞で終わる点は変わりません。

今日は新宿に行きます、家族と。

こちらも口語ではあり得ますが、動詞を見つけることに慣れれば問題ありません。

英語の構造＝動詞は主語の次

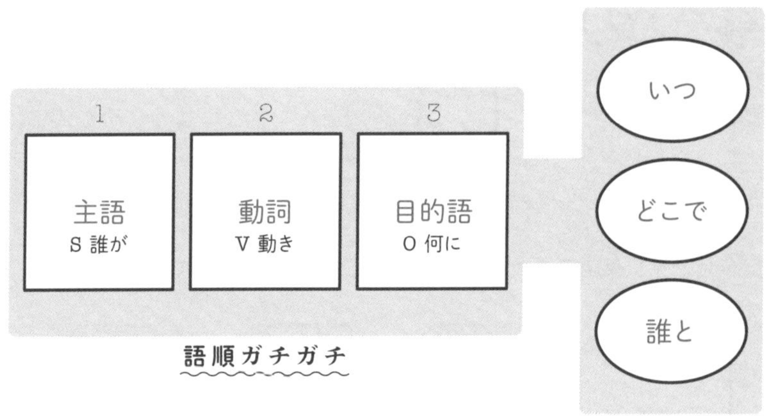

英語では、主語、動詞、目的語の順番がガチガチに決まっています。

語順が変わると簡単に意味が変わってしまうため、日本語のような自由度は全くありません。

英語では、余分な情報は、後ろに後ろにつけていくのが特徴です。

I go to Shinjuku with my family today.
S V O

今日は家族と新宿に行くんです。

これ以外の語順では、通じなくなってしまいます。ここでも注目は動詞の位置。**最初に主語、次に来るのは必ず動詞です。**

語順に慣れるには

4つの箱をイメージしよう

先ほど見た英語の要素を、４つの箱をイメージして考えてみましょう。

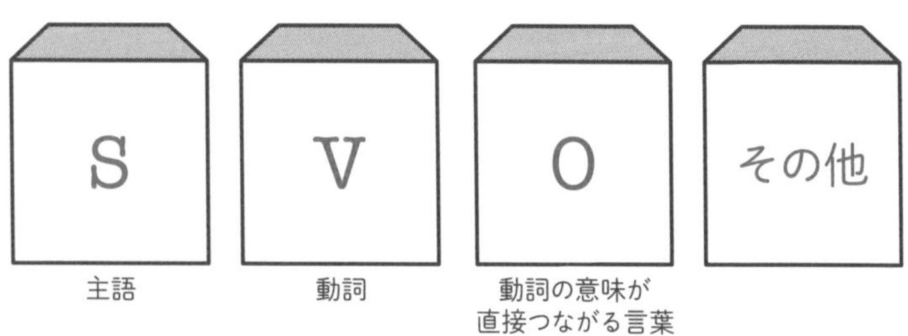

Sの箱には主語、Vの箱には動詞、Oの箱には**動詞の意味が直接つながる言葉**が入ります。行く、ならどこへ。会う、なら誰と。食べる、なら何を。他の情報はとにかく後ろに、後ろに、放り込んでいきます。

この構造には日本語のような自由度は全くなく、言葉の順番が変われば簡単に意味が変わってしまいます。

この段階での目標は「最低限正しい文法でキャッチボールをする」です。SVOという語順が、その「最低限正しい文法」にあたります。

動詞で終わる日本語。
主語→動詞という順番で始まる英語。

２つの言語の仕組みをふまえると、日本文を英語にするには、「日本文の末尾にある動詞から訳す」ということになるのです。

英文を作る手順

1　日本文末尾の動詞を見つけて**V**に入れる。
2　**S**に主語を入れる。
3　**O**に**V**の意味が直接つながる最小限の言葉を入れる。
4　余裕があれば、残りの情報をその他に入れて言う。

今日は家族と新宿へ行きます。

日本語の順番のままこの文を英語にすると

Today my family Shinjuku go.

何となく意味はわかるのですが、「家族が新宿に行く」つまり「私は行かない」と聞こえてしまいます。

誤解させないように、先に挙げた順序で、英文を作ってみましょう。

1　日本文末尾の動詞を見つけて**V**に入れる。

今日は家族と新宿へ 行きます。

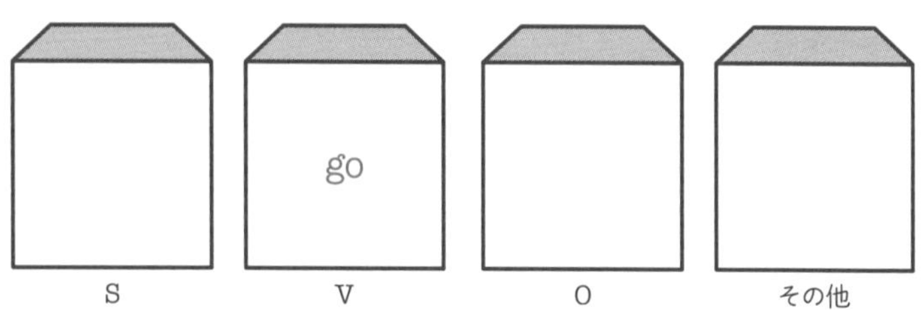

2　**S**に主語を入れる。

(私は) 今日は家族と新宿へ 行きます。

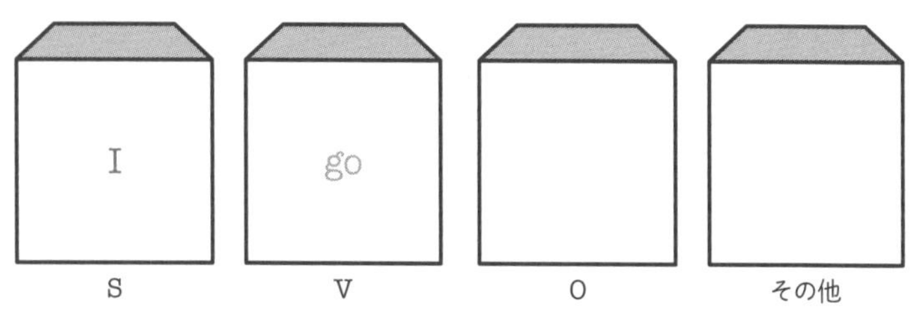

3　**O**の箱に**V**の意味が直接つながる最小限の言葉を入れる。

まだ文になっていないのは下線部分の3つです。

(私は) 今日は 家族と 新宿へ 行きます。

動詞「行きます＝go」の意味が直接つながる情報は、この場合「どこへ」、つまり「新宿へ」です。

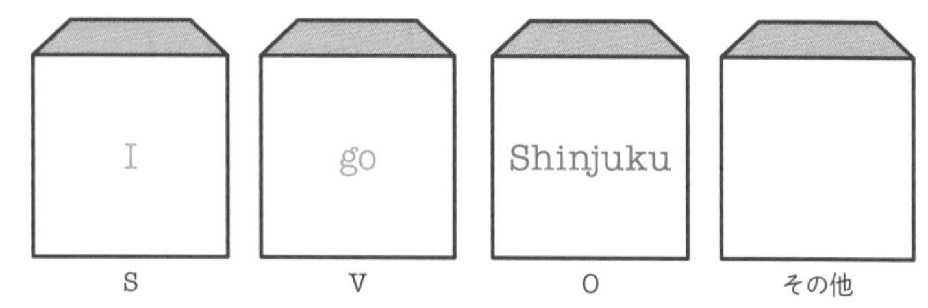

「今日は」「家族と」は、goの意味が直接つながる情報ではありません。**動詞を基準に考えると、おのずと次に訳す言葉を選べるのです。**

さぁ、これで大事な言葉はそろいました。残った情報「今日は」「家族と」は、以下の通り、単語を思いつけば英語にしていくとよいでしょう。

I go Shinjuku family today.

大切なのは会話のキャッチボールです。**単語がわからなくてつかえてしまうなら、その時点でできている文を話してください。** **現時点の目標はSVOを正しい語順でそろえることです。**

この時に**前置詞や接続詞は気にしなくてOK**です。SVOがしっかりしていれば、上のような文でもほぼ誤解なく伝わります。

これに前置詞を加えると、以下のような完璧に正しい文になります。

I go to Shinjuku with my family today.

英語には細かい文法がたくさんあります。単数・複数、冠詞、前置詞などは奥が深く、ネイティブでも間違うことがあります。

精度を求めると果てしない労力が必要で、それは楽しい作業ではありません。ほどほどにして、この本では英語の楽しいところを味わってください。

Oの箱に入るもの

Oの箱に入れる言葉に迷う方が多いので、もう一例をあげます。

繰り返しになりますが、Oの箱に入るのは「動詞の意味が直接つながる言葉」。例えば「私は上司にパンチする」という文で考えましょう。物騒な文ですが、そんな時もありますね（笑）。VとOの箱の関係がわかりやすい例文です。「パンチする」の意味が直接つながるのは「上司」ですね。よって語順は以下のようになります。

I punch my boss.

ではもう一例をみていきます。

私の父はゴルフが 好き(V) で、毎週末ゴルフ場に 出かけていきます(V)。

この文には動詞が2つあります。 主語と動詞の1セットで1文です。そのため、ここで2つの文章になると気づくことができます。

「好き」は動作ではありませんが、英語では動詞です。よく使うので、イレギュラーとして覚えてしまってください。

4つの箱を埋めていきましょう。

私の父は(2) ゴルフが(3) 好きで(1)、

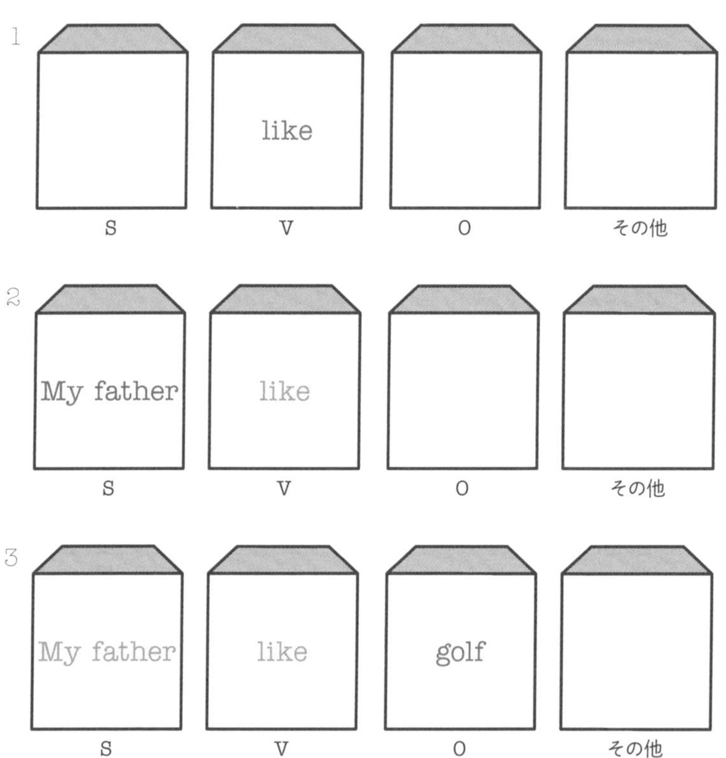

1
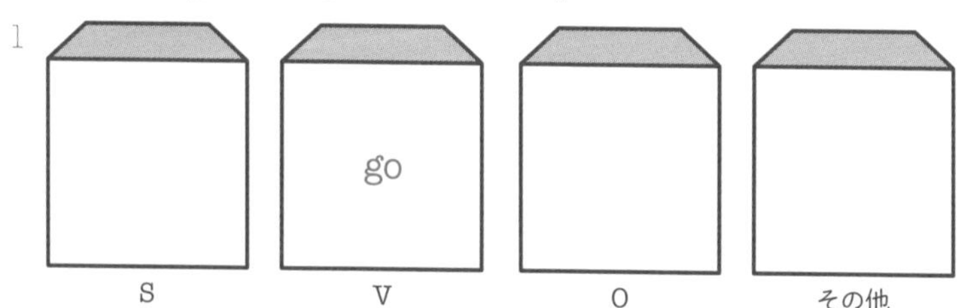

「出かけていきます＝go」でVの箱は埋まります。「出かけて」と「いきます」を別々に訳そうとしないのがポイント。goひとつで伝わりますよね。

2
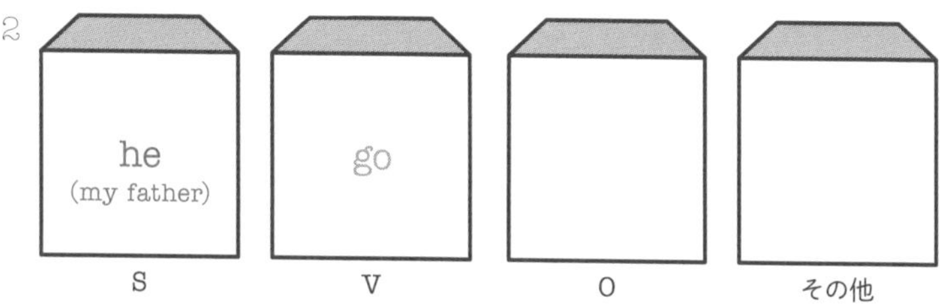

ここでもう一度my fatherと言っても大丈夫です。

3
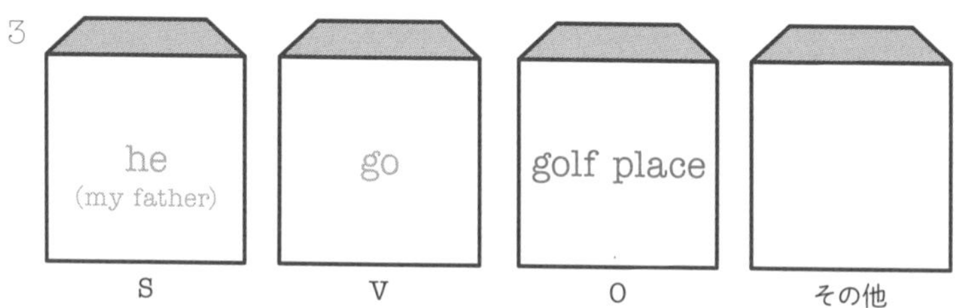

ゴルフ場、場所というイメージからplaceを思いつけたら最高ですが、golfだけでも伝わります。単語を探して止まるよりは、わかる単語で箱を埋めて、どんどん口にしましょう。

SVOが正確なら、残りが多少雑でも聞き手が想像してくれます。

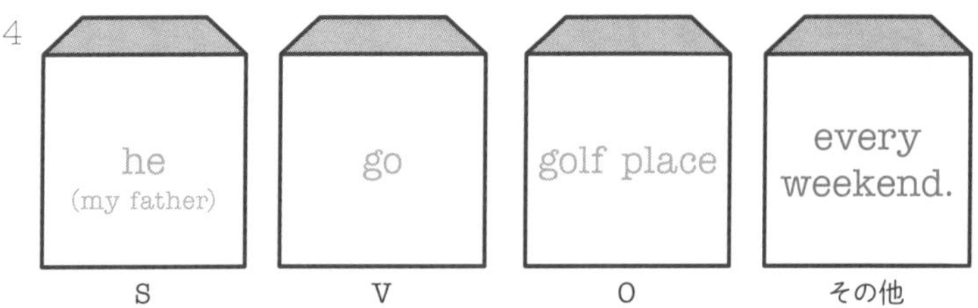

「週末」の言い方がわからなかったら「日曜」と言い換えられます。「土曜日の時もあるんだけど」なんて考えなくてOK。その違いは、聞き手にとってどうでもいいことです。言い換えのテクニックは語順と同じくらい大切なので、後ほど詳しく扱います。

では、2つの文をつなげましょう。

My father like golf, he go golf place every weekend.

細かい部分を正すと、

My father likes golf, he goes to the golf course every weekend.

いかがですか。長い文でも、順を追って考えれば必ず英文にできます。常にこの順番で考える癖をつけていけばいいだけです。

最初は少し大変ですが、繰り返すうちに必ず慣れてきます。すると英訳のスピードも上がり、そしていつか、日本語をはさまずに、いきなり英文を思いつけるようになります。それがいわゆる英語脳です(147ページ)。

先生、動詞の前に
「主語から訳す」ではだめですか？

どうして英文の主語から作ってはいけないんですか？ 英文は主語から始まるんですよね？

日本文では主語が省かれることが多いからです。例えば「ビールは苦手なんです」とか「アニメとか見ますか？」という文には、主語がありませんよね。

確かに日本語はいちいち『誰が』って言わないですよね。

はい。なので、動詞に注目する方法がおすすめなんです。動詞ならいつも日本文の末尾にあるので、混乱しません。
ただ、もしどうしても主語から考えてしまうなら、無理に直さなくても大丈夫です。

そこ、そんなフワフワしてていいんですか？

SVOをそろえることが重要なので、それができるなら、結局どんな方法でもいいんです。
この動詞ファーストは「何から考えたらいいかわからない」という人のために考えました。これなら、いつでも使えますから。

あともうひとつ、動詞ファーストがおすすめな理由があります。皆さん、主語をスパッと言えても、次にO(目的語)を言ってしまうことが多いんですね。そんな時に「主語の次は動詞。動詞は日本文の末尾にある」とわかっていれば、考えやすくなりませんか。

たしかにそうかも……。でも、動詞の単語自体がわからなくて止まっちゃうことも多いです。

そうなんですよ。そんな時に、後でお伝えするhave do getの3動詞に頼ってほしいんですね。

なるほど、そこで3動詞が出てくるんですね。でも先生、正直、4つの箱とか動詞ファーストをいちいち考えるのって、ちょっとめんどくさいっていうか……。ネイティブとたくさん話していけば、自然と上達しませんかね。

もちろん、感覚で英会話を会得できる人もいます。「学生時代にクラスの留学生とたくさん喋ったら、いつの間にかペラペラになった」なんて人も知っています。
でも残念ながら、ゆかりさんはそのタイプではないようです。英会話教室に通って、それでも**正しい文章で話せないから悩んでいるのですよね？　そんな人のためにこそ、このメソッドがあります。**
感覚ではなく、日本語から英語に変換して文章を作ってみてください。繰り返せば、確実に上達していきますよ！

うぅ、ちょっと悔しいけど確かにそうです。いつも何となく単語を並べるだけで、「どうやって並べる」「どう考える」の基準は何もなかったです。わかりました、動詞ファーストでやってみます！

POINT

まずは英語の語順に慣れる。細かい文法は後から気にすれば大丈夫。

「S・V・O・その他」の4つの箱をイメージして、日本文末尾の動詞で、Vの箱から埋めていく。

日本文の動詞1つにつき、1つの英文を作る。それをつなげていく。

単語が思い出せなかったら、わかる言葉だけで文を作ってどんどん喋る。

「動詞ファースト」に慣れていくと、無意識で英語の語順で話せるようになる。

Mission 1

英語の語順に慣れるために、朝起きてから夜寝るまでの行動を順に思い浮かべて、英文を7つ作りましょう。

達成条件

＊ SVOの3つの箱が埋まっていれば十分。
SVの2つで完結することもあります。

現時点では、自分で作れる文章の種類が少ないため、英会話ではなく英作文の練習をしましょう。ここでは前置詞や三単現、冠詞などは気にしなくてOKです。以下の例文を基準にしてみてください。完全に正しい文章ではありませんが、十分伝わる形になっています。

例

午前7時に起きます。	I wake up 7am.
午前8時に会社へ行きます。	I go to company 8am.
ランチにカレーを食べます。	I eat lunch, curry rice.
オンラインでクライアントと話します。	I talk client online.
家へ帰ります。	I go to home.
ネットフリックスを見ます。	I watch Netflix.
ビールを飲みます。	I drink beer.
彼女にメールを送ります。	I email girlfriend.
寝ます。	I sleep.

とっさの英語につまったら

万能3動詞に頼ろう

いよいよ万能3動詞have do getです。さて、ゆかりさん、「とっさに英語が出てこなくて困った」という経験はありませんか。

そんなのしょっちゅうです。

そうなんです、英会話の悩みの大部分が「とっさに英語が出てこない」というものなんです。繰り返しになりますが、皆さん、主語はすぐに思いつくはずです。問題は次に続く動詞。つまずきの多くは、主語の次にくる動詞が思いつかず止まってしまう、というものです。
そんな時、**9割くらいは3動詞のどれかで誤解なく言える**のです。動詞が浮かばない時に助けてくれるのがhave do getです。この3動詞で大体どうにかなるということです。

ホントですかぁ??(疑いの目)

はい、ホントですよ。ただし「この3動詞だけでペラペラだ!」ってわけではありません。ごめんなさい、他の単語も覚える必要があります。

じゃあ、実際の会話で使う動詞の9割がこの3つ、というわけではないんですか?

違います。「行く」と言いたいならgoを使いますし、「好き」ならlike、「食べる」ならeat。24ページで日本人は3000語を知っているなんて言いましたが、動詞に迷わなければ万能3動詞を使うまでもありません。問題はそうじゃない時。例えば、ゆかりさんはご兄弟はいますか？

兄がいます。

今の答え「兄がいます」を英語にしてみてください。

まず動詞を決めるんですよね。いる、ですよね。いる？ え、いるってどう言うんですか？

haveです。

え、でもhaveって「持つ」ですよね。

そうやって覚えましたが、実際の用途はもっと広いのです。
「have=持つ」と覚えると、日本文で「持つ」と言わないかぎり、haveが出てこなくなります。

この万能3動詞は、もっとふんわりしたイメージでとらえてください。でないと応用がききません。

「持つ」だけじゃない

HAVE

食べる 飲む いる 抱える etc.

学校では「持つ」と習いますね。そう覚えると日本文の最後に「持つ」が来ないかぎり、haveを思いつけません。haveはもっと応用がききます。

「うちにプールがある」「妹が2人いる」「困っていることがある」このように「ある・いる」にも使えます。ただここでも「ある・いる＝have」ではなく、**「SとOが一緒に在る」**イメージでとらえてください。

例

今日は会議があるんです。	I have a meeting today.
部下に恵まれましたね。	You have good staff.
僕は友達が多いので。	I have many friends.
見当もつきません。	I have no idea.
お目が高いですね。	You have a good eye.
毎日朝食をとります。	I have breakfast everyday.
彼の映画のコレクションはすごいですよ。	He have many DVDs.

SとOが一緒に在るイメージ

「する」だけじゃない

DO

使う 塗る 遊ぶ 作る 演奏する etc.
do＋もので使いまわし無限

Doは実行です。シンプルな「する」です。

ただこれも「行う・やる・実施する」と日本語のバリエーションが多いので、**「Oを実行する」という漠然としたイメージ**でとらえてください。以下の例文には、不自然なものもありますが、意図は十分伝わります。不自然さは後から解消すればいいので、知っている言葉でどんどん英文を作りましょう。

例

私が毎日お皿を洗っています。	I do the dishes everyday.
ネイルしてるの？	You do your nails?
宿題は今からするから。	I do homework now.
妻は写真を撮るのが上手です。	My wife do photographs good.
パソコンは苦手なんです。	I do computer bad.
あなたはリビング掃除してて。	You do living room.

物事を実行するイメージ

「得る」だけじゃない

GET

買う　盗む　運ぶ　捕まえる　理解する
用意する　行く　乗る　etc.

Getは「得る・手に入れる」ですが、自ら取りにいったものだけでなく、**もらったものもget**です。「受け取る・引き継ぐ・頂く」などたくさんあり、暗記しようとするとキリがないので、これもイメージでとらえるほうが楽です。**Sのもとに新たにOが来る。**元々なかったところにOが来る。このようにとらえるといいでしょう。

もう1つ大事なポイントは、**状態の変化にも使える**という点です。「〜になる」は辞書ではbecomeが先に紹介されますが、まずはgetを覚えてください。スープが冷める、空が暗くなる、上司が怒る、全てgetで言えます。

例

あなたの考えはわかります。　I get your idea.

彼氏からメールが来ない。　I don't get mail from my boyfriend.

髪が傷むよ。　Your hair get damage.

飲み物取ってきてあげますよ。　I get drink for you.

新宿駅で中央線に乗ってください。
Please get Chuo line Shinjuku station.

スープが冷める。　Soup get cold.

空が暗くなる。　The sky get dark.

彼は怒りっぽい。　He often get angry.

Sのもとに新たにOが来るイメージ

万能3動詞 使用例51選

このリストの目的は暗記ではなく、3動詞のイメージと用途の広さの理解です。多少不自然な表現になってもいいので、いざというときは、頼れる万能3動詞を使いましょう。

HAVE

亀を3匹飼ってまして。	I have three turtles.
ポチはピンクの首輪をしています。	Pochi has a pink collar.
ワンちゃんの赤ちゃん、産まれたんですか？	Your dog had babies?
楽しかったですか？	Did you have fun?
今お時間ありますか？	Do you have time now?
彼はいつもお金に困っている。	He always doesn't have enough money.
今日は会議でした。	I had a meeting today.
その用紙は部長のところにあります。	The boss has the paper.
今日は楽しかったです。	I had a great time today.
そんな気がする。	I have a feeling.
お目が高いですね。	You have a good eye.
ちょっと休憩しようか。	Let's have a break.
見当もつかない。	I have no idea.
今日は昼食べられなかったから。	I couldn't have lunch today.
先週手術だったんです。	I had an operation last week.
これしか方法はないですよ。	You don't have a choice.
このビルにはエアコンが設置されていない。	This building doesn't have an air conditioner.

DO

色塗りは僕が担当します。	I'll do the coloring.
うちの犬はいろんな芸ができますよ。	My dog can do many things.
お皿洗ってくれる？	Will you do the dishes?
私なりにがんばりました。	I did my best.
昨日プレゼンしました。	I did a presentation yesterday.
娘は空手を習っています。	My daughter does karate.
ボランティアは時々します。	I do charity work sometimes.
ダメ、絶対。	Don't do drugs.
本当によくやってくれた。	You did a great job.
洗濯しとくね。	I'll do the laundry.
ランチやってないんです。	We don't do lunch.
その髪自分でセットしたの？	Did you do your hair by yourself?
これで十分だよ。	This will do.
まあ元気ですよ。	I'm doing ok.
ちょっとお願いがあるのですが。	Will you do me a favor?
ご職業は？	What do you do?
どうかされましたか？	What can I do for you?

GET

私、お酒強いですよ。	I don't get drunk.
私にまかせて。	I got this.
シャツが縮んだ。	The shirt got smaller.
彼、風邪ひいちゃって。	He got sick.
夫が迷子になった。	My husband got lost.
妻ならもう元気になりましたよ。	My wife got better.
それよく言われます。	I get that often.
日焼けしちゃった。	I got sunburn.
いいこと思いついた。	I got an idea.
上司はかなり怒りっぽい。	My boss gets angry often.
よくわかんない。	I don't get it.
私の絵が入選したんです。	My artwork got an award.
花子なら5年前に結婚したよ。	Hanako got married 5 years ago.
もう無理。	I got tired of it.
車に乗れ!	Get in the car!
母が空港に着いた。	My mother got to the airport.
俺も年をとったもんだ。	I'm getting old.

このように動詞に迷った場合に、万能3動詞はとても役に立ってくれます。いつでも使えるように、常に頭の片隅にこの3動詞を置いてください。動詞のド忘れにも対応してくれます。

語彙を増やすことは続けよう

間違えてほしくないのは、**この3動詞があるからといって使える言葉の種類を増やさなくていい、ということではありません。**

様々な言葉の代用にはなるのですが、大切なのは3動詞を使って「会話のキャッチボールを止めない」ことです。**ちょっとくらい不自然でも言いたいことを言う**姿勢を崩さないでください。

特に最初のうちは「英語で外国人と話す」という非日常な状況に緊張することもあり得ます。

最も避けたいのは文章が作れず、どうしていいのかもわからず、頭が真っ白になる、相手も困ってる、という状態です。そうならないための「動詞ファースト」からの「万能3動詞」です。

実践の場で「どうにか言えた」「わかってもらえた」という成功体験を積んで自信につなげてください。努力を努力と感じない、英会話を楽しんでもらうという目的のためのメソッドです。最低限の準備ができたら、どんどんチャレンジしてください。

「これじゃ伝わらないかも」
「誤解されちゃうかな」
「文法間違ってるんじゃ……」

そんな風に悩んで止まらないでください。相手はあなたが何を言うんだろうと楽しみにしています。会話はテストではありません、正解も間違いもなく、キャッチボールができればそれでいいんです。細かいことは気にせず、ボールを投げてみてください。変なところに飛んでも、キャッチし損ねても、またボールを投げたらキャッチボールは再開できます。

そして「なんだ、これでいいのか」と感じてください。英語で話すことなんて、思っているほど大それたことじゃないんです。

そんな風に考えたことなかったです。

外国人が日本語で話していたら、自然と優しい気持ちになりませんか？言葉に詰まっていたら言わんとすることを一緒に考えてあげるじゃないですか。中にはちょっと意地悪な人だっているかもしれませんが、まずは相手を信じてゆだねてみましょうよ。

先生みたいな人が、中学の英語の先生だったらよかったのに。

確かに日本の英語教育はよく批判の的になりますが、大人になって英会話教室に通い始めた時にすでに下地があるのは、学校教育のおかげです。その下地なしには私のメソッドは効果を発揮しません。

ちょっと先生がいい人みたいに見えて、文句言いにくくなってきました。何かマウント取れる要素ください。

えー……えーっと。趣味が全部インドアで１週間外に出ないこともあります。ずっとプラモデルを作ってます。

……ちょっと距離感考え直しますね。

え、そこまで？　え？

Mission2

**以下の日本文を万能3動詞を使って英文にしましょう。
動詞ファーストも忘れずに。**

1　今ダイエット中なんです。
2　ちょっとサイフとってきますね。
3　その用紙なら部長のところにありますよ。
4　お酒はジョンが持ってきます。
5　色塗りは僕が担当します。
6　寿司があったまっちゃいますよ。

ここでも細かい文法は気にしないでOK。
現時点ではSVOの箱が埋まっていたら十分です。

英訳

1　I do diet now.
2　I get wallet.
3　Boss has paper.
4　John has drink.
5　I do coloring.
6　Sushi get warm.

「おととい」をサッと言える人は強い

言い換え力を上げる方法

「ポテンシャル語彙力」で語彙力をアップさせ「動詞ファースト」で伝わる語順を身に付け、「万能3動詞」でど忘れ対処の準備もできましたね。

もうオンライン英会話で実践練習して大丈夫ですよね！

はい、その前にこのテクニックを授けます。「おととい変換」です。ゆかりさん、「おととい」って英語だったら何て言いますか？

あー、何だっけ。なんか、ビフォーが入った……。

はい、時間切れです。正解はThe day before yesterdayですが、これを知っているかどうかは重要ではありません。
実践練習では言いたい英単語が思いつかない、わからないことがよくあります。動詞がわからなければ「万能3動詞」ですが、文章には様々な言葉が入ります。
どれだけ正確に英単語を思い出せるかだけではなく、**いかにとっさに手持ちの語彙で言い換えられるかも、英会話のスキル**です。「おととい」を日本語で別の言い方にしてみてください。

…2日前！

バッチリです。2 days ago ですね。

でも先生ズルいじゃないですか。最初から「どんな言い方でもいいから、おとといを英語で言ってください」って言えばいいのに。

「ズバリじゃないとダメ」とも言ってないですよ。

会話はテストではないので、どんな表現でも通じればOKです。

最初の目標は「最低限正しい文法でキャッチボールができる」でしたね。「おととい」で悩むと会話が止まってしまいます。2日前でもいいし、曜日や日付で言ってもいいし、何なら「昨日」でもいいんです。

「おととい」って言いたいのに「昨日」はウソでは……？

キャッチボールを止めるほど重要な情報なら、どうぞゆっくり考えてください。でもそんなに大切な情報でないなら「昨日」でもいいし、何も言わなくてもいいのです。

ただし、毎回何も言わないことを選んでいると「おととい変換」が上達しません。

英会話で単語が思い出せない、何て言ったらいいかわからない。そんな時は、次のように考えてみてください。

具体・抽象の2方向に考える

初心者でも、わからない単語をすぐに上手に言い換えて伝えられる方がいます。このスキルはコツをつかめば誰でも必ず上達します。

わからない単語は、日本語で「より具体的に」「より抽象的に」の2方向へ考える癖をつけましょう。

例えば「親戚」という言葉。調べれば「relative」とわかりますが、相手を待たせてまでその単語を使いたい状況でしょうか？

そういう時は、イラストのように2方向で考えてみましょう。

これで、知っている単語を思いつける確率が高まります。この場合は「家族」が最も的確ですね。

キャッチボールを止めないために、単語につまったら思い出すことに時間をかけるより、「他の言い方！ 具体！ 抽象！」とすぐに変換してください。

Mission3

「おととい変換」に慣れるために、以下の言葉を日本語で抽象的に、そして具体的に言い換えてみましょう。

具体・抽象の変換は、ひとつの考え方です。クセにしてしまえばこちらのもの。ということで、クセづけるためのミッションにチャレンジしてみましょう。

コツは「ゆるく、ずるく」です。

具体	問題	抽象
いとこ 叔父 叔母 甥	〈例〉親戚	家族 知人 人間
（実際に買ったもの） チョコレート キーホルダー	おみやげ	プレゼント 物 お菓子
穀物の蒸留酒	焼酎	お酒 飲み物 ウォッカみたいな酒
喘息 肺炎 頭痛	風邪	病気 体調不良 トラブル
良い友達 いつも笑ってる エディーマーフィーみたいな人	明るい人	楽しい人 ポジティブ
値段を変えられないか聞く お願いする	交渉する	話す 会う
冬の服を取り出す クローゼットの整理	衣替え	掃除 家事
色や素材の指示書	仕様書	書類 大事な紙 ファイル
今は決定しない 判断を諦めた 来月決める	保留	止まっている あとまわし 何もしない

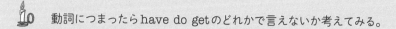

POINT

会話のつまずきの多くは、
主語の次の動詞がとっさに出ないことにある。

動詞につまったらhave do getのどれかで言えないか考えてみる。

万能3動詞は、ふんわりしたイメージでとらえると応用できる。

単語をド忘れしたら、具体・抽象の2方向で言い換えを考える。

Lesson

初心者でも実践が怖くなくなる3つのコツ

初心者でも会話が成立！

3つのFで成功体験を重ねよう

今日はいよいよオンライン英会話での実践編に必要なテクニックです。これで、ネイティブのような初対面トークをしていただきます。

先生、やっぱりまだハードル高いです……まだ文章もうまく作れないし、何より相手の英語を理解できないです。スピーキングもリスニングも初心者ですよ？

まさにその通りです。会話は話す力と聞く力の両方が必要なので、やみくもに話してもうまくいきません。うまくいかない経験が重なると、嫌になってしまいます。

ですが、**話す力と聞く力が不十分でも、会話が成立するメソッドがあります。それが「トリプルF」です。**

これは、私の留学中の挫折経験から生まれたメソッドです。

17歳で10か月間アメリカに留学したのですが、その時の英語力は赤点レベルでした。

クラスのみんなは親切なのでいろいろと話しかけてくれるのですが、とにかく最初は全然聞き取れません。それが申し訳ないやら情けないやら……。「明日はリベンジ！」と思っても、英語はそんなにすぐに上達するものではありません。

そこで「今の底辺みたいな英語力でもコミュニケーションをとる方法

はないものか」と考えて考えて、やっとたどり着いたのが、トリプルFなんです。

そっか、先生ネイティブじゃなかった。でもなぁ、そう言われても、とても自信ないです……。ここまで習ったテクニックを使って、ちょっと会話ができれば十分じゃないですか？

せっかく今100点を狙えるのに、20点の成果ではもったいないですよ。英会話を学び始める方が陥りがちなのが「コミュニケーションもレベル1から」という幻想です。

英会話初心者だからと委縮してしまって、ただただ受け身になってしまう。これでは上達しません。

でもコミュニケーションなんて、日本語でも自信ないです。

いえいえ、日本語で友人と会話ができるなら問題ありません。このメソッドでは言語に関係なく通用するコミュニケーションの基本をたくさん使います。

これは私がセミナーコンテスト※でも優勝をいただいた定評あるメソッドです。

まずはトリプルFで「最低限正しい文法で会話のキャッチボールができる」体験を重ねていきましょう。**「会話できた！」という成功体験が、英語学習を続ける最大のモチベーションになります。**

※セミナーコンテスト…「セミナー講師の甲子園」と呼ばれる、一般社団法人日本パーソナルブランド協会主催の大会。その第42回東京大会で優勝。

トリプルF　『その1』

First
会話の先手をとる

会話には「話す」だけでなく「聞き取る力」も必要です。リスニング力が低い初心者のうちは、相手の言葉を聞き取れず、オンライン英会話や対面で実践練習に挑んでみても、うまくいかないことが多々あります。

しかし「リスニング力をつけてから実践に挑もう」では、いつまでたっても上達しません。トリプルFなら、レベル1でも今すぐに実践を積めますよ。

1つ目のFは「First」。こちらから先に話しかけます。

Hi, nice to meet you.

このよくご存じのフレーズで大丈夫、とても自然です。

外国人と話すような機会があれば、必ずこちらから話しかけてください。「積極的な姿勢を作る」といった意味もあるのですが、もっと大切な理由があります。

先に話しかければ、相手の言葉が聞き取れなくても、内容を予測できるのです。

皆さんは「こんにちは」と日本語で言われたら何と返しますか？　大抵は「こんにちは」と挨拶を返しますよね。「トムといいます」と名前を言われたら、自分の名前を言いますよね。英語も同様です。

英会話を始めると、何もかも新しいスキルが必要だと思いがちですが、コミュニケーションの根本は何も変わりません。

初対面の会話は3つのステップで始まります。

1	初めまして	**Nice to meet you.**
2	挨拶	**How are you?**
3	名乗る	**I'm Yukari.**

上記のどれから会話を始めても正解です。ただ相手に先手をとられると、よく知っているフレーズでも聞き取れません。しかも、1〜3それぞれに様々なバリエーションがあります。例えばNice to meet you.と同類の挨拶には、こういったものもあります。

Great to see you.

It's a pleasure to meet you.

Delighted to make your acquaintance.

これらを突然言われたら、聞き取れなくても当然です。しかし、こちらが「Nice to meet you.」と言えば、相手の返しも必ず「初めまして」です。たとえ聞き取れなくても、内容の見当がつくので焦らずにすみます。

こちらが先手をとって「初めまして」「挨拶」「名乗る」と順番を決められるのです。

会話の先手をとった時点で、内容理解がぐんと簡単になる、というわけです。

会話の例

あなた　Hi, nice to meet you.

相手　（よく聞き取れなくてもほぼ間違いなく「初めまして」と言っています）

あなた　How are you?

相手　（How are youはコンディションの質問ではなく挨拶なので、相手もyou? と挨拶を返したりしますが、形式的なことなので、気にせずに次で名乗ってしまいましょう）

あなた　I am Yukari.（もちろんMy name isでもOKです）

相手　I'm Cathy.（がんばって名前だけは聞き取ってみましょう。でも聞き取れなくても会話に支障はないので焦らないことが大切です）

挨拶のあと本題にうつっても、こちらが先手を取ります。

あらかじめ言うことを決めて、どんな音が聞こえてきても、**自分のペースを保ちキャッチボールを続けます。**厳密には相手のボールを受け取らずに、こちらが投げ続けているだけですが、それでも「会話ってこんな感じね」という感覚をつかめます。

Firstの極意は**「相手が話す内容を自らコントロールする」**ことにあります。

初対面で相手が先に話すと「初めまして」「こんにちは」「名前を言う」などどれがくるかわかりません。**リスニング力が低いうちこそ、トークをリードする必要があります。**初対面に限らず、リスニングに自信がない間は「こちらから話しかける」を心掛けましょう。

Firstには**「恥ずかしい事故を防ぐ」**効果もあります。パーティーで外国人に何か話しかけられ、実践練習のチャンスだと意気込んで「ナイストゥーミーチュー」と返したら、「お手洗いはどこですか?」と聞かれているだけだった。これは私が実際に経験したことです。

あれは恥ずかしかったし、相手も戸惑っていました……。

Firstなら、そんな事態を避けられます。

トリプルF　『その2』

Fun　こちらが話題を選んで楽しむ

2つめのFは「Fun」。こちらが選んだ話題で会話を楽しむことです。

聞き取りやすくするためですか？ 確かに挨拶ならパターンにはめればそれっぽくなるかもしれませんが、さすがに会話の中身だと、リスニング力がないと難しくないですか？

ここで普段の日本語でのコミュニケーションが活きてきます。ゆかりさんは普段、友人とどんなことを話しますか？

えーと、最近仕事どう、彼氏できたとか、コスメとか。

コスメはいいですね。女性なら盛り上がりやすい話題です。恋人や仕事など自分の近況、つまり何らかのエピソードがからむことは、過去形が使えない現時点では、難しい話題です。

なるほど。あとは旅行とか、好きなドラマとか……。

旅行にドラマ、最高ですね。すごく使える話題です。

どうしてですか？

タイトルや国名といった特定のキーワードが聞き取れれば成立するからです。会話は挨拶と違い「全く聞き取れない」ではその後のトークは難しくなります。かといって全てを聞き取れなくても大丈夫です。国や出演者の名前といったキーワードさえわかれば、何を言っているのか想像がつきます。

そしてわかりやすいキーワードを言ってもらうためのコツが、こちらで話題を選ぶことです。これで自分の得意分野でトークを進められます。相手に選ばせてはいけません。自分が詳しくない話題を振られたら困りますよね。

ワールドカップのときに、サッカーの話を振られて困りました。選手の名前とか試合結果とか、わからないし……。

もしもサッカーに興味があれば楽しいはずです。国名や選手の名前がわかればトークが成立しますから。ゆかりさんは当てはまりませんが、サッカーの話ならできる、という方はいると思います。

あ、前に生け花を習っていたので、その話ならできるかもです。

ごめんなさい！　日本文化の話題ができるのは、もうちょっと先です。サッカーなら「ドリブル」「ゴール」といったカタカナ言語がたくさんありますが、華道にはほぼありません。**共通言語があるかどうかを考えて、自分の得意分野の話題を決めてみましょう。**その意味で旅行や映画は、かなり使いやすい話題ですよ。映画ならもちろん海外作品の話をしてくださいね。

得意分野について Do you like~? で尋ねる

「Fun」ではまず自分のトークの得意分野を決めます。

得意分野・趣味は「サッカー」「お酒」など人それぞれですが、**万人に使いやすいのが「旅行」「映画」の話題。そしてその話題をDo you like~?（～って好きですか？）で聞きます。**

相手の名前を聞いたら、間髪入れずにこのフレーズで尋ねましょう。ここでモタつくと相手が話題を選んでしまいます。

あなた　I am Yukari.

相手　Hi Yukari, I'm Cathy.

この瞬間です。相手が言い終えたらすぐに話題を振ります。

あなた　Do you like movies?

ここから先は楽です。質問された側が多く話すので、映画の話を振ったのなら、タイトル、ジャンル、監督、出演者の名前が聞こえてこないかだけ、気にします。何か知っている名前が聞こえたら、しめたものです。

相手　#%?＋@ ***Harry Potter*** #%?＋@…

あなた　Harry Potter? Good. Great movie.

とくに最初は緊張しがちなので、何か単語が言えれば十分。無理に文章で返さなくてOKです。しばらく話すと、少しずつ状況に慣れてくるので「動詞ファースト」「万能3動詞」を使って、文章を作ってみてください。

I like Love Comedy movie. Notting Hill.

おもむろに自分の好きな映画を言うのもありです。相手が好きな映画を言った、自分も好きな映画を言う。とても自然なキャッチボールですよね。繰り返しになりますが、最初は無理に文章を作ろうとしなくて大丈夫です。

「トークを振れた」「私が選んだトピックで話してくれた」「あの俳優の名前だけはわかった」で大丈夫。

英語だけで意思疎通がとれた。この感覚を味わってください。

せっかく「動詞ファースト」とか習ったのに、使わなくていいんですか？

あまり最初から気負いすぎると緊張してしまいます。使えそうなら使おう、くらいの緩い気持ちでいいんです。

映画のタイトルも何も聞き取れない時は、どうしたらいいですか？

タイトルを書いてもらう方法もあります。スマホを出して「タイトル、プリーズ」、オンライン英会話なら「タイプ、プリーズ」、これで十分。

あ、そっか。柔軟に考えればいいんですね。でも映画のタイトルすら聞き取れないって、なんか悔しいですね……。

そう思ったら、その気持ちも大切にしてください。

これから先、英語で様々な人と話す中で、必ずしも楽しいことばかりではないと思います。相手にされなかった、英語を笑われた、他の人に劣等感を感じた。様々なことがありえますが、それで諦めないでください。モチベーションには正と負があります。成功体験ならやる気が出ますし、悔しい想いなら「なにを〜」とバネにすることもできます。

先生も劣等感を感じたことがあったんですか？

外国人のフリをしたら、すぐにバレました。しかも指摘されずに、しばらく泳がされました。

だ、ださっ！

トリプルF 『その3』

Friend 連絡先を聞いて友達になる

3つめのF「Friend」は、トークをきれいに終わらせるコツです。現時点ではそこまで長く会話を続けられないので、程良いところで切り上げます。それもクールに。立つ鳥、跡を濁さず。

方法はカンタン、相手にSNSアカウントを尋ねるだけです。人にもよりますが、SNSアカウントを聞くのは、会話の終わりころではないでしょうか。私の経験上、それは外国人も同じです。

『Facebook?』と聞くだけ

3つ目のF「Friend」では会話をスマートに終わらせます。聞き方は、「Facebook?」これで十分です。会話では毎回丁寧に文章を作る必要はありません。自然な手の抜き方も学んでいってください。

Facebookをやっていないのであれば「Twitter?」はい、とても簡単ですね。実際の友達申請はスマホ画面を見ながらなので、特に英語は必要ありません。**物があれば言葉がなくても成立するんだな、と感じてください。**

交換し終えたら、最後に「Nice to meet you.」と最初と同じ言葉を言えば「お会いできて良かったです」というニュアンスになります。これでトーク終了。連絡先の交換をしない場合も、このフレーズで会話を終わらせます。

もう一息がんばれるなら「It was nice to meet you.」とIt wasをつけてみましょう。これで会話を終わらせ、別れる意味になります。

Friendのもうひとつの役割

「Friend」にはもうひとつ大事な役割があります。練習を手伝ってくれる友達をゲットできるのです。ちょっとしたメッセージのやり取りを英語でかわすだけでも、立派な練習になります。私もそうやって留学を終えてからも英語に触れ続けました。

でも、どんなこと書いたらいいんですか？

「Fun」の出番です。自分ができる話をすればいいんです。スポーツは

好き？　日本食は好き？　そうやってやり取りをしながら、自主学習や英会話レッスンで新しい文法を習ってどんどん使っていく。そうすれば、自然と聞けることも増えていきます。
さあ、これでゆかりさんは英語で自ら外国人に話しかけて、トピックを振って、しかもSNSで友達になりました。もしこれをサラッとやっている友達がいたら「めっちゃ英語できるやん」って思いませんか？

確かに。すごそうに見えても、意外に求められるスキルって高くないんですね。

はい。せっかく英語を話すなら、やっぱりカッコよく使いたいじゃないですか。**まずは「初対面の会話は大丈夫」と自信を持つこと。**そのうえで、少しずつできることを増やしていきましょう。
次は「否定」と「疑問」に進みます。今は「持っている」は言えても、「持っていない」「持っていますか？」はまだ言えないので。

そう言えば、それすらまだやってなかったんですね。綱渡りのメソッドですね、トリプルFって。

実践の前に「せめてこの文法だけは学んでほしい」って考えだすと、キリがないんですよ。だからこそ**最小限学んだら、どんどん使って自分のものにしていく。**言えなくて悔しい思いをしたら、モチベーションに変えていってもらいたいのです。

トリプルFを使った会話モデル

以下はオンライン英会話を想定した会話の流れです。
ご自身の実践でも使えるフレーズがたくさんあるはずです。

Aあなた　B相手

A　Hi, nice to meet you.

B　Hey, how's everything going?

A　How are you?

B　Yeah, good, good.

A　My name is Yukari.

B　Hi Yukari, I'm Jacob.

A　Jacob.（聞き取れたら確認のために名前を復唱）
Today I want to ask questions.

B　Sure.

A　Do you like travel?
（ここが大切。間を空けると相手が話題を決めてしまうので、戸惑わずに話を振る）

B　Yeah, sure. I travel every year. Last year I went to Singapore with my family and it was an amazing experience.

A　Singapore. Nice.
（国名が聞き取れなければCountry name, please?と聞き返す）

B　Good food, clean city, nice people, a little expensive though. You've been to Singapore?

A　Last year, Australia.
（質問の内容がわからないので自分の話をする。過去形が使えなければ、単語を並べればOK。去年、オーストラリア）

B　You went to Australia last year?　Cool. Where did you go?

A　Cute koala, people nice, food, ok.
（やはり何を聞かれているかわからないので、オーストラリアの話をする）

B　I went to Australia 3 years ago, it was fun. I'd love to go again.

A　Facebook?

B　Facebook, yes, sure, we can be friends on Facebook.

A　Your name, write, please.

B　Sure, here's my account. Send me a request.

A　Jacob, it was nice to meet you.

B　Good to meet you, too. I'll message you.

日本語訳

A　こんにちは、初めまして。
B　こんにちは、初めまして。
A　調子はどうですか？
B　ええ、いい感じですよ。
A　ゆかりと言います。
B　ゆかりさん、私はジェイコブです。
A　ジェイコブさん。今日は私が質問をしていきたいのですが。
B　もちろん。
A　旅行はお好きですか？
B　ええ、旅行には毎年行きますよ。
去年は家族とシンガポールに行きまして、すごくいい旅行でした。
A　シンガポールですか、いいですね。
B　ええ。食べ物はいいし、街は綺麗ですし、みんな優しいし。少し高いですけどね。
シンガポールには行ったことありますか？
A　去年オーストラリアに。
B　去年オーストラリアに行ったんですか？ いいですね、どこに行ったんですか？
A　コアラがかわいくて、みんな優しくて、食べ物はまあまあでした。
B　オーストラリアには3年前に行きました。楽しかったので、また行きたいです。
A　フェイスブックありますか？
B　フェイスブックですか、ありますよ。友達になりましょう。
A　お名前お願いします。
B　はい、これが私のアカウントです。申請してください。
A　ジェイコブさん、お会いできて良かったです。
B　ええ、こちらこそ。メッセージ送りますね。

Mission 4

トリプルFを使って、オンライン英会話で、
外国人と話してみましょう。

事前に「Do you like~?」で3つの質問を用意してください。

達成条件

＊ 講師の回答の中のキーワードがいくつか聞き取れる

会話モデルでは自然に会話が進行しているように見えます。ですがAは「シンガポール」以外聞き取れていません。それでも会話は成立するのです。会話のパターンを先に定めてこちらが主導権を握れば、聞き取れなくても実践練習が可能です。

この実践経験は、1人で何十時間勉強しても決して得られるものではありません。実際に英語を使ってコミュニケーションがとれることを感じてください。

オンライン英会話の多くは、1回のレッスンが25分前後。Do you like ~?　の質問と自分の話は、予め3つ用意して臨みましょう。質問後、相手の言葉がさっぱりわからず「もう限界」と思ったら「Sorry, I finish lesson now.」でレッスン終了のお願いをしても大丈夫です。

もしも余裕があれば、動詞ファーストや万能3動詞を駆使して、フリートークを続けてみましょう。

文法嫌いに朗報！

文法学習には「終わり」がある！

初めてのレッスン、ちょっと怖かったので日本人の先生の後に、外国人の先生とやってみました。聞き取れないところはタイプしてもらって、なんとかできました！

おぉ、すばらしい！　大きな前進ですね。そんな感じで、ご自身でも続けられる形を探してみてくださいね。さて次は疑問と否定。ここはちょっとお勉強的な内容です。どうしても避けては通れないんですね、文法は。

文法なんてわからなくても話せる、って人もいますけど。

そう言えてしまうケースは2つあります。1つはそう言っている人が帰国子女など、ナチュラルに文法を身に付けている場合。もう1つはトリプルFのようにコミュニケーションスキルだけで乗り切れる人で、英語力自体はあんまり高くない場合です。確かにコミュ力で友達になったりパーティーで盛り上がったりはできるのですが、日本文化を説明したり、好きな映画のもっと踏み込んだ話になってくると、難しいです。

……ヤだなあ。文法って聞くだけでやる気が……。

その気持ちはわかりますよ。私も高校時代は文法がイヤで勉強しなくて、英語のテストは常にボロボロ。赤点も取りましたよ。それでも先生になれるくらいですから。いいですか、**文法のいいところは、終わりがあるところ**です。もう文法の勉強をしなくていいですよという日が、必ず来ます。

え、ずっと継続してやるものじゃないんですか？

違います。文法はすでにあるルール。これから先に増えることはありません。ただのルールなので１回覚えたらクリアです。

それはちょっと救われます。でも、その量がとにかく多いんですよね……。

中学校3年分ですからね。ただし「スピーキングのため」と考えると、中学英語には不要な項目が多々あります。本書では「これだけマスターすればOK」という項目を厳選しました。ここで紹介する内容だけは、がんばって覚えてください。

ここで一旦基本がそろう！

否定・疑問で表現が一気に広がる！

否定と疑問にはどちらもdoを使います。万能3動詞でもやったあのdoです。

まずはこの2つのフレーズを覚えてしまって下さい。

否定	**I don't**（do notの短縮）
疑問	**Do you**

「I don't have~」「Do you have~」のように、どちらもその直後に動詞が来ます。

「する」という意味でdoを使いたい時によくある間違いが、すでにDo youと言っているので、省略してしまうパターンです。この場合、省略はできません。doは2回言います。

Do you game?　ではなく　Do you do game?

さぁ、これで肯定・否定・疑問の3つがそろいました。すべての文章はこの3つのどれかで成り立っています。

特に重要なのは肯定と否定の作り分けです。

疑問文は質問のイントネーションで聞けばDo youがなくても通じます。You have car? で「車、持ってる?」という意味になります。

ところが、**否定は間違えると伝わりません。**

持っていない、と言いたい時に「I have car.」とどんなに否定っぽい顔をして言っても全く通じません。

後からnoとかdon'tを付け足して、I have car. No. don't. と言ってもダメです。

日本文の末尾に「〜ない」という言葉が含まれていたら、必ずdon'tを使って否定してください。

すでにI don'tとDo you 2つの形を紹介しましたが、もちろん主語が変わって You don'tやDo Iもあり得ます。まずは慣れるために、次ページのMissionでI don'tとDo youからがっちり覚えてください。

Mission 5

**否定・疑問に慣れるために、
オンライン英会話で以下2つに挑戦しましょう。**

1 **トリプルFの会話の後に、Do youを使ってlike以外の疑問文で話題を広げてみましょう。**

2 **以下を伝えて自分にも質問してもらい、それに答えましょう。**

Please ask me easy questions.
プリーズ　アスク　ミー　イージー　クエスチョンズ

達成条件

＊ 聞き取れた一部の言葉でリアクションをとり、話を広げられれば十分。

＊ 相手の質問にできるだけ文章で答える。

次のページの会話モデルでは、A(自分)はB(相手)の言葉がほぼ聞き取れていません。**聞き取れた一部の言葉だけでリアクションをとっていますが、現段階ではそれで十分OKです。**

新しいフレーズ、文法をマスターする最初の一歩は**間違えてもいいから無理やり使うこと**です。Mission4で「英会話の状況」へのハードルは少し下がったはずです。今回は積極的に、動詞ファーストも否定文・疑問文も使っていきましょう。思っている以上に表現の幅が広がっていることに気付けるはずです。

会話モデル

A　Do you go to gym?

B　Yeah, sometimes.

A　I go to gym everyday, but I don't get muscle. You, good style. Great.

B　You don't have to go everyday. Your muscle needs some rest. And don't forget to take protein.

A　Pro... what's that?

B　Protein.

A　Protein? I don't drink protein. Bad taste.

B　I know, some proteins taste quite awful. But you really need protein if you want to get bigger. Here, I can recommend this one on this website. They have grape flavor, chocolate and orange.

A　Great. Please ask me easy questions.

B　OK. Do you watch horror movies?（会話が続く。）

日本語訳

A　ジムって行きますか？
B　ええ、時々は。
A　僕は毎日行ってるんですけど、なかなか筋肉がつかなくて。あなたはスタイルも良くて羨ましいです。
B　毎日は行かないほうがいいですよ、筋肉を休めたほうがいいです。あとプロテインを飲むのを忘れずに。
A　プロ…なんですか？
B　プロテインです。
A　プロテインですか。あんまりおいしくなくて、飲んでないんですよ。
B　おいしくないのもありますよね。でも大きくしたかったら絶対飲んだほうがいいですよ。ほら、このサイトのプロテインはおすすめですよ。ブドウ味とか、チョコレート味とかオレンジ味がありますよ。
A　いいですね。何か簡単な質問をいただけますか。
B　はい。ホラー映画は好きですか？

なくても通じる！

会話中は三単現のSを忘れてみよう

三単現のS。この扱い次第で英語嫌いが生まれてしまうので、最初に言い切ってしまいます。**Sはつけなくても通じます！**

やった！……あれ、三単現って何でしたっけ？

今は忘れていても大丈夫です。文法の名前なんて先生だけが知っていればそれでいいんです。主語が変わると別の言葉の形も変わる。このルールは日本語に存在しないため、多くの中学生がここでつまずき、英語を嫌いになります。

これですよこれ！ ここから英語が楽しくなくなっていったんです。英会話教室でネイティブの先生に何度も直されました。その度に会話が止まってしょんぼりするし、いつまでたっても慣れないし……涙

会話の最中にここまで神経をまわしたら、そりゃ大変ですよね。文章を作ることに慣れてない状態で、そこまで考えなくても大丈夫です。大事なことなのでもう一回言います。**会話中は三単現のSのことは忘れてください。**

ホントにいいんですね!?

いいんです。問題なく通じますから。このSは、意識的にやるのではなく**無意識でできてほしいこと**なんです。英会話中にわざわざ意識してSをつけるのではなく、自宅学習の成果として自然に表れてほしいものなのです。

……結局つけなきゃいけないんですか？

つけなくても意味は通じます。でも、**乱れた言葉遣いに聞こえるんです。**He doesn'tをHe don'tで言うと「～じゃねえよ」と汚く聞こえます。He don't have car「あの腰抜け野郎、車なんざ持ってねえよ」と聞こえかねません。

え、私そんなキャラじゃない……。

その通り。キャラになってしまうんです。乱れた言葉遣いも表現のひとつで、あえて使うラッパーもいます。学校なら「その言葉遣いはなんですか」と怒る先生もいるでしょう。ただ私たちはネイティブではないので、Sなしが即「失礼」だと受け取られるわけではありません。

でもなんかアホっぽく聞こえそう……。

受け取る側次第です。英語でコミュニケーションがとれる時点で「よくぞ勉強してくれた」と感じる人もいれば「アホっぽい」と感じる人もいるかもしれません。ビジネスのようなシビアな場では、きちんとした言葉遣いで臨みたいところです。ただ、まずは神経質にならずに「最低限正しい文法でキャッチボールができる」状態を目指すのでしたね。三単現のSはそれに含まれないと私は考えます。

でも間違っているとわかっていて話すのって、ちょっと嫌です。

その思いをモチベーションに、自宅学習をがんばって、無意識でSを言える状態を目指しましょう。どんな英語を話したい、というビジョンも大切です。正確で知的な英語を話したいのなら、「伝わればOK」という人よりも、多くの勉強が必要です。
ということで、ここで三単現のSのルールをサクッとおさらいです。

三単現のSのルール

I get money from my mother.
私、母さんからお金もらってるから。

という話が、ゆかりさんの友人のハナコだった場合。

Hanako gets money from her mother.
ハナコは親からお金もらってる。

このようにgetにSをつける、というルールです。
英語の基本構造SVOのSについて、以下の条件がそろうときに、動詞にSをつけましょう、というルールです。

1	三人称	私とあなた以外。彼、彼女、うちのワンちゃん、このパソコンなど
2	単数	1人、1つ（「僕の友人たち」のような場合は複数なので含まれない）
3	現在形	過去でも未来でもなく、今のはなし

ちょっとややこしいのが、否定・疑問の場合。動詞ではなくdoがdoesに変化します。

否定

I don't have~ ⇨ He doesn't have

後ろの動詞にSはつかない

疑問

Do you like~ ⇨ Does she like

Does she likes とSを2回つけてはいけません。三単元のSは先にくるDoにつくと考えてください。1回つけたらもう大丈夫。

POINT

トリプルFで初心者でも実践練習ができる。

First＝会話の先手をとる。

Fun＝自分が少しでも聞き取れる話題にもっていく。

Friend＝SNSアカウントを交換して友達になる。

否定はI don't~、疑問はDo you~?

三単現のSは会話中は気にしない。
無意識でつけられるように自宅学習をがんばる。

おすすめ教材 ※各教材は次ページ参照

『マーフィーのケンブリッジ英文法（初級編）第3版 別冊解答付』
ユニット5・6・7

『どんどん話すための瞬間英作文トレーニング』
Part1「中学1年レベル」⑦⑨

column

無意識でも正しい文法を話せるようになるには？

効果的な自宅学習を繰り返せば、会話の実践で意識しなくても正しい文法で話せるようになります。本書では各所でおすすめの自宅学習と教材をご紹介しています。自宅学習は大きく次の3つに分かれます。

1 文法問題集

文法はいつまでも学び続けるものではありませんが、英語学習の初期ではとても重要です。どんなにすごい先生の授業を受けてわかったつもりになっても、文法を理解していないとどうしても間違いがおきます。きれいな英語を話したい方は、「文法を人に説明できるレベル」の理解度を目指しましょう。

おすすめ教材は**『マーフィーのケンブリッジ英文法（初級編）第3版 別冊解答付』**（Cambridge University Press／以後『ケンブリッジ英文法』）です。本書でおおまかな文法を確認後、この問題集の解説を読むと、一層深く理解できます。以下の使い方がおすすめです。

1　問題を解く
2　答え合わせ、間違えた理由の確認
3　正しい答えを音読

最も大切なのは3です。書いて覚えるだけでは話せるようになりません。**必ず音読を行い、自然な音の流れ、正しい言葉の並びを目と耳と口で確認してください。**

会話の実践では細かい文法を間違えても構いませんが、自宅学習では細かいところまで間違えていないかチェックしてください。**本書の内容ならこの問題集の3割ほどです。**

※第4版もありますが、本書では第3版を使用しています。

2 瞬間英作文

文法を理解したあとに、瞬時に英文を作る練習を行います。おすすめ教材は**『どんどん話すための瞬間英作文トレーニング』**(ベレ出版/以後『瞬間英作文』)。

「動詞ファースト」を思い出して練習してみましょう。この練習中は細かい文法を気にする必要はありませんが、正解を確認したら、正しい文法で言いなおしましょう。

He don't have car.(彼は車を持っていない)という文章が作れたら「大丈夫、ちゃんと通じる」と自分にOKをあげます。

次にHe doesn't have a car.と正解を確認して、正しく言いなおす。これを繰り返していくと、無意識で正しい文法が話せる状態になっていきます。

3 リスニング+シャドーイング

これは文法理解がある程度進んでから始める練習です。

読んでわからないものは、聞いても絶対にわかりません。そのため文法をあまり知らないうちは、無駄になってしまいます。

要求レベルが高い分、効果も大きく、1人でできるスピーキングの練習として最適なのがシャドーイングです。

おすすめ教材は**『絶対「英語の口」になる! リアルな日常英会話で鍛えるシャドーイング大特訓50』**(三修社/以後『英語の口になる』)です。

1　音源を１度聞く⇨こんな話かな？ と想像する。

2　翻訳・解説確認⇨英文と日本語訳を見比べて意味が一致するか確認。

3　英文を見ながら聞く⇨英文の通りに話していることを確認。

4　英文を見ずに聞く⇨英文なしで９割聞き取れるようになるまで、３ ４を繰り返す。

5　英文を見ながら一文ずつ真似する⇨一文ごとに一時停止して、音源の通りに発音する。

英語は発音する際に、音が変化したり消えたりします。原稿より音源が正解なので、音源の通りに発音してください。

各Lessonの終わりの「おすすめ教材」で、定着のための該当ページを提案しています。ただ、シャドーイングはどんどん先に行ったり、興味のあるページから取り掛かっても大丈夫です。

Lesson

3

会話のキャッチボールを楽しもう！

疑問詞?って

「はい／いいえ」で終わらない質問をしよう

ここからいわゆる「日常会話」と呼ばれるレベルに入っていきます。

日常会話って、実際にはどのくらいのレベルなんですか?

これがまたとても定義しにくいのです。皆さんの思い浮かべる皆さんの日常。友人や同僚と交わす「仕事の絡まない」会話。つまり雑談だと思ってください。

ふんわりしてますね。もうちょっと具体的に言えませんか? ゴールが明確じゃないとやる気が出ません……。

「はい／いいえ」では答えられない質問ができるようになります。例えば「どんな音楽が好き?」という質問。「週末はどこに行くの?」「デートに何着よう?」「新しいカフェ、いつ行こうか?」こういったことが聞けると、会話のバリエーションが広がりますよね。

確かにそういう質問ができないと、会話が続きませんね。

さあ、ゆかりさん。質問は「する」と「される」、どちらが楽ですか?

する方、ですよね。

そうです、トリプルFの「Fun」(82ページ)ですね。質問をする人よりも、された人が多く喋ります。

この章ではまず、いろいろな質問の表現を覚えます。自分が言えると、質問される側になっても聞き取れる確率がぐっと上がります。

これまでは一方的にボールを投げていた状態でした。**ここからようやく、会話のキャッチボールになりますよ。**

疑問詞7つ(5W1H+1W)

日常会話に頻出する疑問詞を覚えましょう。

What	何
Who	誰
Where	どこ
When	いつ
Why	なぜ
How	どうやって
Which	どっち、どれ

5Wに加えて「whichどれ」を入れてWは6つ。whichはいずれ覚えないといけないので、ここでまとめて覚えてしまったほうがわかりやすくなります。

もう一度言います、**絶対にこの段階で全部覚えてください。**

これがわからないと、会話で本当に苦労します。あなただけでなく、話し相手も困ってしまいます。「いつ」を聞いているのに「場所」を答えると会話が成立しません。

疑問詞の覚え方

以下の練習を繰り返し行いましょう。まず日本語から英語にするパターン。

「何」と言ったあと、すぐに対応する英語を言います。「何、what」「誰、who」とテンポよく。

これを7つ全部行ったら、逆の英→日です。

「What、何」と7つ全部言います。

ただし、これはずっと続ける練習ではありません。

繰り返し行っていると、早いと練習3日目くらいで「what」という音に「なに」というイメージが発生します。

疑問詞は今後ずっと使う言葉。

思い出すのに時間がかかる状態だと、英文作成はいつまでたってもスムーズになりません。ここでがんばって覚えてくださいね！

疑問詞の使い方

７つを覚えたら、疑問詞の使い方をマスターしましょう。決まりはカンタン。Lesson2で学んだ**Do you**（95ページ）の前に、ポンと置くだけです。

What do you have?
何持ってるの？

Why do you like horror movies?
なんでホラー映画が好きなの？

How do you buy the ticket?
どうやってチケットを買うの？

doesの場合も同様です。

Who does she like?
あの子は誰が好きなの？

Where does my boss have lunch?
部長はどこでご飯を食べてるんだろう。

WhatとHowの使い分け

疑問詞の扱いに慣れてくると、新しい疑問が生まれてきます。

そう、Whatとhowの使い分けです。

例えば「駅まで何で行くの?」と交通手段を聞かれた場合。

車なのか徒歩なのか、はたまたバスなのか。ここでは来る手段をたずねていますが、日本語の「何」が必ずwhatというわけではありません。

手段を聞くならhowを使うと覚えてください。

How do you get to the station?
駅まで何で行くの？

ここで一緒に覚えたい応用があります。

トリプルFのトークに慣れてくると、もっと突っ込んで聞きたいことも出てきます。

どんなホラー映画が好き？
どんな音楽聞くの？

このように**「どんな○○」と聞きたい時は「what＋名詞」を使います。**

What horror movies do you like?

What music do you listen to?

名詞はwhatのすぐ後ろです。

ついつい「What do you like horror movie?」と名詞を最後にしたくなりますが、注意しましょう。間違った語順でも通じますが、相手はやはりわかりにくいはずです。**「どんなホラームービー」「どんな音楽」と一続きのブロックでとらえると、間違えにくくなりますよ。**

似たもので「What kind of movies~」とkind of（sort of も同じ）が入る形もありますが、ほぼ同じ意味です。使っても使わなくてもどちらでも大丈夫です。

Mission 6

1 **オンライン英会話で、各疑問詞で2つずつ質問を作り、外国人に質問してください（whichを除く）。**

2 **次に、以下の文章で相手にも質問し返してもらいましょう。**

Please ask me simple questions like I did.
プリーズ　アスク　ミー　シンプル　クエスチョンズ　ライクアイディド
Present tense, only.
プレゼント　テンス　オンリー
私がしたように、簡単な質問をください。現在形だけでお願いします。

達成条件

* 質問に対する相手の答えが7割わかる。
* 質問が聞き取れて、半分は単語でなく文章で答えられる。

これまで一方的にボールを投げていたやり取りが、段々キャッチボールに近づいてきました。

相手のボールをちゃんと受け取って、投げ返します。**特に聞き間違えやすいのは、Where と When。**「ア」に近い音が少しでも聞こえたらwhereです。

最初の受け答えは単語だけでいいですが、徐々に文章にしていきましょう。

アイドンノーは使わない

もしも聞き取れなかったら？

疑問詞も覚えて、話を広げられるようになってきましたね。そろそろ聞き取れない場合のトラブル対処法もお伝えします。
「アゲイン、プリーズ」と言ったら同じ言葉を繰り返されるだけで、また聞き取れなかったなんてことはありませんか。

もう一回言ってもらったのにやっぱりわからない、っていうのは確かに経験あります。

この場合は、聞き取れるように喋ってもらえばいいんです。**まず「話についていけてない」と伝えましょう。**

アイドンノーとかですか？

それだと誤解が生まれる可能性があります。「What movies do you like?（どんな映画が好きですか？）」と聞かれてアイドンノーと答えると、「知らない」と伝わってしまいます。それではまるで、会話をする気がない人のリアクションです。

I don't understand.
理解していません。

こう言ってから「Could you speak slow, easy words?（ゆっくり、

簡単な単語で話していただけますか）」とお願いすれば大丈夫です。

リクエストが多いな……。

こちらはネイティブではないので、大体快く受け入れてくれますよ。恥ずかしさがあるかもしれませんが、理解したフリを続けるよりも、ずっといい練習になります。

お願いの表現 Could you ～？

「Could you~?」でyouの直後に動詞を置くと、丁寧なお願いになります。これで聞き返したいときに以下の表現でお願いできます。

Could you speak slow, easy words?
ゆっくり、簡単な言葉で話してもらえますか？

本当は「Could you speak slowly with easy words?」が正確な文章ですが、トラブル対処のとっさのフレーズはできるだけシンプルな形がベスト。withはなくてもOKです。

「Could you~?」という表現は、**丁寧なお願いをしたいときにも使えます**。

Could you give me your card?
名刺をいただけますか？

Could you do this paper?
この書類を作っていただけますか？

be動詞も現在進行形もすっとばし

先に過去形を覚えたい理由

ここから過去形に入ります。過去形が使えると、言えることがかなり広がりますよ。

先生、なんか進め方の順番おかしくないですか……？ 過去形の前に、他に覚える文法があると思うんですけど。

お、気づきましたか。確かに過去形は中学2年で習う文法で、学校ならその前にbe動詞と現在進行形を学びます。ですが、この順序にする理由が2つあります。
1つは**be動詞を入れてしまうクセを避けるため**です。

「入れてしまうクセを避ける」……？

はい。よくあるミスが「I am go」と、be動詞が必要ないのに入れてしまうタイプ。一見あり得ない間違いですが、いざ実践の場で話すと焦ってしまい、けっこうこの間違いが起こる生徒さんをたくさん見てきました。それを避けるために、あえて後回しにしたいのです。

その間違い方だと、通じなくなるんですか？

もちろん通じるのですが、とっても聞きにくい英語になってしまいます。**聞き手は毎回頭の中で修正しないといけません。**この「いらないbe動詞を入れてしまうクセ」は、学ぶ順番を工夫して避けましょう。

もう1つの理由が**「過去形で会話の幅がぐっと広がるので、早く使えるようになりたい」**ということです。実際の会話では、現在進行形よりも頻繁に使います。

現在進行形ってよくわからないんですけど、そんなに過去形が大切なんですね？

はい、めちゃくちゃ大切です。これがないと「どんな映画を見た」「何を買った」ですら言えません。昨日の話も、さっきのランチの話もできません。逆に、過去形さえ使えれば、それが全部言えるということです。

未来形・現在形より要注意な過去形

時制には以下の3つがあります。

1　過去形
2　現在形
3　未来形

この中で、現在と未来の区切りは比較的ゆるめです。「I go to Shinjuku tomorrow」と、現在形の文でも「tomorrow（明日）」があることで未来の内容として伝わります。

ところが**過去形は他の時制と間違えると伝わりません。**それは日本語でも英語でも同じです。

例えば「I go to Shinjuku yesterday.（昨日、新宿に行くんです）」という文では「昨日」と「今日」を言い間違えたのか、「行った」と「行く」を言い間違えたのか、聞き手は判断できず混乱します。

だからこそ過去形は正しく使う必要があります。

過去形の作り方

過去形を作るのはとても簡単です。**動詞の最後にedをつける**、それだけです。

動詞の最後にedをつける

watch ⇨ watched

listen ⇨ listened

動詞のつづりが変わる場合もあります。

study ⇨ yをiに変える ⇨ studied

plan ⇨ nをもう1つ置く ⇨ planned

こういった変換は、今の時代ならパソコンが自動的に直してくれるので無理に覚える必要はありません。これが大人の勉強の良いところです。

厄介なのは以下のような「不規則変化」と呼ばれる「形そのものが変わるタイプ」です。

have ⇨ had

get ⇨ got

Do ⇨ did

万能3動詞は全てこのタイプ。ここで確実に覚えましょう！

go→wentのように完全に変化する場合もありますが、よく使うものから少しずつ覚えていくのがコツです。それでも話していて、過去形をド忘れすることもあります。

しかし、ここで止まってしまうのはもったいない！ **忘れても無理やりedをつけて話せば大丈夫です。**

例えばtakeの過去形がとっさに浮かばなかったらI taked~と続けます。その方が、会話のキャッチボールを止めてしまうよりも余程良いのです。しかも大体の場合、通じちゃいます。

しかし同時に、正しい形を覚えることも諦めないでください。

takeの過去形はtook。自分が言うときは無理やりedをつけてしのげますが、相手がtookと言った場合には、理解できずに困ることになります。

過去形の否定・疑問

現在形の否定ではdon't、そして三単現のdoesn'tと主語によって分かれていました。過去形ではこれがdidn'tに統一されます。

疑問も同様で、Do you、Does heと分かれていたものが、Did you、Did heとDidに統一されます。

didを使う

否定　**I didn't touch that computer yesterday.**

私はそのパソコンには昨日触ってないですよ。

疑問　**Did you ask Jason?**

ジェイソンには聞きましたか？

Jason said he didn't use.
Wait, did Cathy come yesterday?
ジェイソンも使ってないと言ってます。
あれ、キャシーって昨日は来ましたっけ？

201ページで未来形も学びますが、現段階では**先の予定も現在形で話して大丈夫**です。

ただし、**現在と過去の区別はしっかりとつけてください。**
三単現のSは間違えても聞き手はあまり混乱しません。しかし現在と過去を間違えると聞き手はとても混乱します。

ここで、会話中によく使う「先週」「来月」などの言葉も覚えましょう。

時間を表す単語

過去はlast

先週＝last week　先月＝last month　去年＝last year

現在はthis

今週＝this week　今月＝this month　今年＝this year

未来はnext

来週＝next week　来月＝next month　来年＝next year

これらは全て、SVOの最後につけます。onやatといったつなぎの言葉は必要ありません。

I went to Shinjuku last week.

He comes to Japan this week.

How does she get a new job next year?

ここまで学んだ表現だけで、次ページのような会話が言えてしまいます。

ここまでの文法を使った会話モデル

※Aの英語にはところどころ間違いがありますが、「これくらいの精度で十分」という目安にしてください。

Aゆかりさん　B友人キャシー

B　Hi, you ok?

A　I had a problem.
（「困る」と言いたい場合。72ページの要領で「problem＝問題」と言い換え、万能3動詞のhaveと組み合わせる）

B　What happened?

A　I bought a used bag online last week, but I got a very low quality product.
（「届いた」という表現を万能3動詞のGetで。主語は自分になる）

B　Yeah?

A　On my smartphone, it looked good quality leather. But I got, like, vinyl, plastic touch cheap item.
（lookは「〜に見える」という使い方を覚えよう。主語はbagなのでitとなる）

B　Oh, I'm sorry. Did you complain to the shop?
（I'm sorryの使い方は128ページへ）

A　complain……I don't understand.
（トラブル対処）

B　it's……did you tell the shop you're not happy?

A　Oh, yes, I sent many messages but no answer.
（前半部分のSVOがしっかりしていると、後半は多少省略した表現でも伝わる）

B　That's too bad. How much was the bag?

A　500 yen.

B　……you know, next time, don't buy items that are too cheep.

A　Yeah, ok. Hey, check this skirt! Very pretty and cheap! 300yen!

B　…….

日本語訳

B　どうしたの？ 大丈夫？

A　ちょっと困ってて。

B　何があったの？

A　先週ネットで中古のバッグを買ったんだけど、ひっどい質のバッグが届いたの。

B　うんうん。

A　携帯だとすごく良い革に見えたのに、届いたのはビニールみたいな、合皮の安っぽいやつなの。

B　残念ね。お店にはコンプレインしたの？

A　コンプレイン…？ わからないです。

B　えーと、あなたが満足してない、ってお店に伝えた？

A　ああ、うん、たくさんメッセージ送ったけど返事がないの。

B　あちゃあ……いくらだったの？

A　500円。

B　…次は、あんまり安いの買うのやめといたら？

A　そうかもね、そうする。あ、ねえ、このスカート見て！ かわいいし安い！ 300円だって！

B　……。

Mission 7

過去形に慣れるためにオンライン英会話で話してみましょう。

1 **各疑問詞で2つずつ過去形の質問**(疑問詞+did you~?)**を作り、質問してください**(whichを除く)。

2 **以下の文章で、相手にも質問し返してもらいましょう。**

Please ask me simple questions like I did.
Past tense, only.
私がしたように、簡単な質問をください。過去形だけでお願いします。

達成条件

* 質問に対する相手の答えが7割理解できる。
* 質問が聞き取れて、半分は単語でなく文章で答えられる。

前回のミッションではdo you~?をたくさん使いました。
今回はdid you~?です。
文章で答える時も**しっかりと過去形にすることを心掛けてください。**

自分も相手も安心できる

相づち上手になれる表現

過去形はちゃんと覚えていただけましたか？

はい。けっこう疲れました……。

新しい文法を学ぶと疲れますよね。でも大丈夫、ここでは文法はやりませんよ。

良かったです！ 新しい文法はしばらく勘弁って感じです。

では知っている表現を活かして、相づちをうてるようにしましょう。今回は新しい単語は１つも学びませんよ。

相づちってなんかこう、頷くだけじゃダメなんですか？

できれば言葉にしたいですね。相づちは「あなたのお話聞いてますよ、理解してますよ」というサインなので、会話が円滑になります。相手も自分の話にリアクションを返してくれますよ。
まだまだ自信をもって英語を話せない状態かもしれませんが、相手が自分の言葉にタイミングよく「Yeah.」や「That's nice!」と返してくれると、緊張せず安心して話せますよね。

了解です！ 今日は気分がいいです。妙な理屈で言いくるめられてる感じがないので、素直にやってみようと思えます。

……妙な理屈??? まぁいいや。
相づちには大きく分けて3種類あります。ポジティブ、ニュートラル(中間)、ネガティブです。それぞれ見ていきましょう。

1　ポジティブな相づち

3つの中で最も簡単です。相手のエピソードが悪い話でない時は、いい感じの言葉をタイミングよく言うだけです。以下のように、いくらでもあります。

good	**great**	**amazing**	**excellent**	**superb**	**wonderful**
いいね	すごい	すっごい！	素晴らしい	見事だ	素敵

余裕が出てきたら、頭にThat'sをつけてみましょう。

That's good.　いいね。

That's nice.　いいですね。

That's cool.　いい感じじゃん。

2　ニュートラルな相づち

良い、悪いの感想がなく、ただ「お話を聞いてますよ」というサインの場合は、以下のような表現を使います。

Ok.	**Yeah.**	**I see.**	**I understand.**
うん。	それで？	なるほどね。	わかります。

3　ネガティブな相づち

ハッピーではない話へのリアクションには、あまりバリエーションがありません。今回紹介するのは2つだけです。

That's too bad.　残念に思います。

I'm sorry to hear that.　お気の毒に思います。

I'm sorryは「ごめんなさい」の他、同情を示す時にも使います。

相手　I lost my job.
クビになっちゃったの。

あなた　I'm sorry to hear that.
そうでしたか……。

文脈上、謝罪の意味にはとられないので、自信を持って使いましょう。

Mission 8

1　**オンライン英会話で以下の質問をして、相手の話に適切な相づちをうちましょう。**

What happy thing happened recently?
最近どんないい事がありましたか？

2　**相手の話について、追加で2つ質問してください。**

3　**最後に自分からも「最近あった良いこと／悪いこと」を話してみましょう。**

達成条件
* 一度は「That's」をつけてリアクションをする。
* エピソードが理解できる。
* 必要に応じてトラブル対処のフレーズが使える。
* 2つの質問のうち最低1つは一回で通じる。

これまではキーワードのみ聞き取れればどうにかなりましたが、エピソードではSVOが聞き取れないと誤って解釈してしまいます。しっかり集中してがんばりましょう。

聞き取れなかったら、トラブル対処のフレーズを使うチャンス。こちらの質問が伝わらないなら、次の3つの原因がないかチェックしましょう。

1　疑問詞が適切か（何度でも109ページに戻りましょう）
2　現在・過去の選択が正しいか
3　動詞が正しいか

POINT

疑問詞７つで会話のキャッチボールができるようになる。

What　何

Who　誰

Where　どこ

When　いつ

Why　なぜ

How　どうやって

Which　どっち、どれ

「手段」を聞きたいならwhatでなくhowを使う。

相手の言葉を聞き取れなかったらI don't understand.と伝える。

丁寧なお願いにはCould you~?が使える。

過去形では、動詞にedをつける。

未来形と現在形は交じっても通じるが、過去形は間違えると通じない。

相づちの表現を覚えると会話がはずむ。

おすすめ教材

『ケンブリッジ英文法』ユニット11・12

『瞬間英作文』Part1「中学１年レベル」⑧⑳

Lesson

4

いまさらのbe動詞と現在進行形

「〜です」ではない！

be動詞の本当の役割

ここからはbe動詞を学んでいきます。これが使えると「カレーは辛い」「あいつは意地悪だ」といった、**人・物の状態、属性が言えるようになります。**中学校では真っ先に習うところですが、私はあえて少し後に教えることにしています。先の章でも触れましたが、悪いクセをつけないためと、とにかく先に過去形を使えるようになりたいからです。

じゃあbe動詞って、会話ではあまり使わないんですか？

そんなことないですよ、かなり使います。ただ、無理やり単語を並べればbe動詞なしでもある程度伝わります。
一方don't, did youなどの否定形や疑問形の文章は、正確でないと伝わりません。なので、難しいほうから先に慣れてもらったというわけです。
さてゆかりさん、疑問文でAre you とDo you、どちらを使うべきか、そもそも何が違うのか困ったことはありませんか？

ああ、まあ、ありますよ。英会話教室でもよく直されました。

今ならもうわかるはずですね。どういう時にDo youを使いますか？

「〜しますか？」と聞きたい時です。「いつ行くんですか」とか「〜持ってますか」のように、動詞がある時です。

ばっちりですね。それではbe動詞の意味は何でしょうか？

え〜、「〜です」とかですかね？

残念ながらそれは最も ダメな覚え方です。**be動詞は絶対に「〜です」と覚えてはいけません。**

be動詞の本当の役割は、こうです。

be動詞の役割は「イコール」

動詞には2種類あります。

1 **do動詞**（**一般動詞／ここまで学んできた動詞！**）

2 **be動詞**

中学ではすぐに両方を習うので、多くの方が混同して、重要なポイントを理解しないまま英語を嫌いになってしまいます。

本書では、ここまで**do動詞**に絞って説明してきました。日本文に動詞があれば、絶対にdo動詞を使います（学校では一般動詞と習いますが、否定や疑問でdoを使うことから私はdo動詞と呼んでいます）。

ではbe動詞は、日本語ならどの言葉にあてはまるでしょうか。多くの方は「〜です」と答えます。しかしこれでは「今日は新宿に行くんです。／I go to Shinjuku today.」というdo動詞の文章でも当てはまってしまいます。

do動詞は1つ1つに明確な意味がありますが、**be動詞にはわかりやすい日本語訳がありません。**

ところがその役割は明白です。**「be動詞って何」と問われたら「イコールを意味する」と答えられるのです。**

※学校教育で習う文法のCに当たります。本書ではわかりやすさのために、Oに統一しています。

ここは私の席です。私はデザイナーです。上司が厳しいんです。

どの文にも**「動詞がない」**ことがわかるでしょうか。**日本文の末尾に動詞がない時がbe動詞の出番です。**

以下3つのbe動詞を、主語によって使い分けます。

am	「私」専用です。I am以外では使うことはありません。
are	主語が複数の時です。you、they、weなどですね。最もよく使うのはyouの時ですが、例外としてyouが一人でもareを使います。
is	それ以外です。he、she、itなど。my dog is、your phone is など、be動詞の選択に迷ったら大体isで大丈夫です。

This is my office.

「ここが私のオフィスです」の文では、「ここ＝私のオフィス」が成立しているとすぐにわかります。

それでは次の文章はイコールの文章でしょうか？

私はオフィスに行きます。

goを思い出して、これはdo動詞の文章だと気づいた方もいるかと思います。I go to my office. が正解ですね。

一方で、「私＝行く」と考え、I am go to~だと思う方もいるのではないでしょうか。「私は『オフィスに行く状態』だから『私＝行く』は成り立つはず！」と考えて混乱する中学生もいます。私もそう思っていました。私は行く。日本語では何もおかしくありません。

英語と日本語は成り立ちが違うので、日本語の理屈では説明しきれないところがあります。ここでもう一度、4つの箱を思い出しましょう。

英語の基本構造はSVOでしたね。

それぞれの箱をイメージしたとき、動詞が入るのはVの箱だけです。そこにamを入れてしまうと、goはVの箱に入れません。

I am go. という文だと「ゴウというお名前なんですか？　もしかして下の名前はヒロミですか？」と誤って伝わりかねません。

be動詞とdo動詞の違いを理解して使い分けられないと、この先の文法を使いこなせず、いつまでも間違った言い方しかできません。

本書のヤマトイングリッシュは、細かい文法の間違いには寛容ですが、be動詞とdo動詞の間違いには厳しめです。伝わらなくなってしまうからです。

ここまでの説明で「**be動詞を使った文は、SVOではなくSVCでは？　文型の説明が間違っている？**」と思う方もいるかもしれません。

ですが、**この本ではあえてSVOに統一しています。ここから先も文型の話は出てきません。**

スピーキングで文法上重要なのは、語順と、be動詞とdo動詞の違いの理解と、使い分けです。文型の違いは重要ではありません。

be動詞で大変なのはその概念の理解で、それさえわかればあとは楽勝。疑問と否定の作り方も簡単です。

be動詞の否定・疑問

否定　notをbe動詞の後ろに入れる。

This isn't (=is not) your ramen.
これはあなたのラーメンじゃありませんよ。

I'm (=I am) not your girlfriend.
私あなたの彼女でもなんでもないんだけど。

疑問　be動詞を前に持ってくる。

Are you OK?　大丈夫ですか？

Is he your boyfriend?　あの人ってあなたの彼氏？

Are you／Is heといった並びはスムーズに理解できるはずですが、以下は自分では作りにくいかもしれません。

Is this coke calorie free?　このコーラはカロリーゼロかな？

こういった時は、まず肯定文を作ってください。そこから**be動詞を前に持っていく**と考えると作りやすいです。

このコーラはカロリーゼロです。This coke is calorie free.

Is this coke calorie free?

疑問詞を使う場合は、疑問詞が先頭で、次にbe動詞がきます。「疑問詞＋be動詞」の形に慣れましょう。

Why is my boss angry?　どうして部長は怒ってるんだろう？

Where is my mouse?　私のマウスはどこ？

Which is my coffee?　どっちが私のコーヒーだっけ？

be動詞の過去形の作り方

過去形の作り方は簡単です。amとisはwas、areはwereに変化します。

I am ⇨ I was

He／She is ⇨ He／She was

You／We／They are ⇨ You／We／They were

be動詞とdo動詞の違い

	be動詞	**do動詞**
数	3つだけ（**am**／**is**／**are**）	膨大
意味	常にイコールの意味	それぞれ違う
過去形	amやis⇨**was** are⇨**were**	基本的にedをつける
否定形	**be**動詞＋**not**	do＋not＋動詞
疑問形	**be**動詞＋主語〜**?**	Do＋主語＋動詞〜?

Mission 9

be動詞に慣れるために、以下の日本文を英文にしてみましょう。

1 それはお酒じゃありませんよ。

2 これが最後のチャンスです。

3 私の父は寿司職人なんです。

4 あなたはこのジムの会員ですか？

5 どうして彼は遅れているの？

6 母は毎朝ここを掃除するんです。

7 私のスマホどこだろう？

8 そのチョコレートどこで買ったの？

9 インボイスって何ですか？（invoice…請求書）

10 このゲームすごく面白いですね。

be動詞を学ぶと、do動詞と混同しやすくなります。

do動詞を使う時は、日本文に動詞があるので見分けられます。

日本文に動詞がない時がbe動詞の出番です。

一方「遅れる」など日本語では動詞だけど英語だとbe動詞を使う場合もよくあります。

そういった言葉は間違えながらで大丈夫なので、個別で覚えていきましょう。

英訳

1 That's not alcohol.

2 This is your last chance.

3 My father is a sushi chef.

4 Are you a member of this gym?

5 Why is he late? （遅れる、lateは動詞ではないのでbe動詞を使う）

6 My mother cleans here every morning.

7 Where is my smartphone?

8 Where did you buy that chocolate?

9 What is 'invoice'?

10 This game is so fun. （interestingもOK）

Mission 10

オンライン英会話で、おすすめのモノ(商品など)**を外国人に紹介してみましょう。最後に相手に以下の質問をしましょう。**

Do you have any questions about this item?
この品物について何か質問はありますか？

達成条件

* 物の説明が相手に伝わり、be動詞とdo動詞を正しく使い分ける。

紹介文モデル

I introduce my favorite keyboard.
Do you see? This is classic typewriter design.
This is real wood and metal, and this keyboard has very good finger touch.
I type a lot in my work, and it is good finger touch, so I get motivation to work.
Your desk gets cool classic mood, you get motivation to work, you enjoy typing.

日本語訳

私のおすすめのキーボードを紹介します。
見えますか？　これはタイプライターのデザインです。
これは本物の木と金属で、とても良い打鍵感があります。
私は仕事でたくさんキーボードを打ちます。打った感触が良いので、仕事の励みになります。デスクもカッコよくなるし、仕事の励みになるし、打つのが楽しいです。

物の説明では、be動詞とdo動詞の両方を使います。「It is good finger touch.」「It has good finger touch.」のように、どちらでも意味が通ることもあります。迷って止まるより、どちらかで言い切りましょう。ただ、It is haveのような不要なbe動詞のミスに注意しましょう。

文法習得にはミスも重要

間違えた回数で上達が決まる

どうですか、be動詞とdo動詞の違いはわかりましたか？

……多分。使い分けのコツはありますか？

まず見分けるポイントは、言いたい日本文に「動詞があるかないか」です。動詞があれば、万能3動詞などを使い英文を作っていきます。

その「動詞があるかないか」っていうのがパっとわかりません。

あくまで1つの目安ですが、日本文の末尾の音がひとつのヒントです。「〜い」は日本語では形容詞の音なので、be動詞を使う確立が高いです。難しい、背が高い、熱い。これらはすべてbe動詞を使いますね。

でも例えば「〜らしい」って言いたいときは違うんですよね。

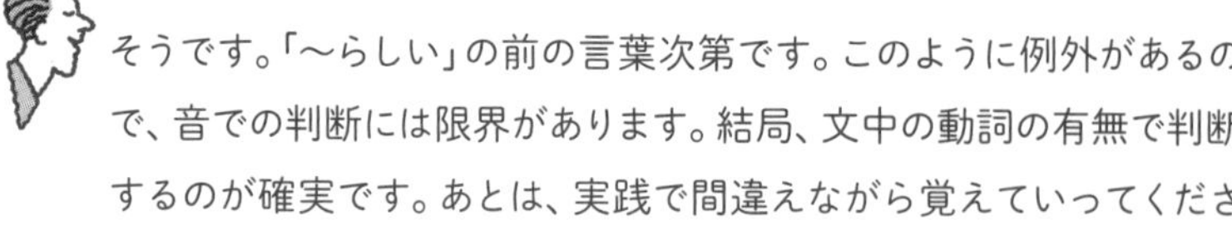

そうです。「〜らしい」の前の言葉次第です。このように例外があるので、音での判断には限界があります。結局、文中の動詞の有無で判断するのが確実です。あとは、実践で間違えながら覚えていってください。

急に投げた……！

言語の違いで多くの例外が生まれてきます。例えば「おなかすいた」。「すく」は日本語では動詞ですが英語のハングリーは動詞ではありません。だから間違いながら学んでいく形になるのは、仕方ないのです。でも**間違いも経験値**だと考えてください。決して無駄ではないのです。

間違いも経験値。わかりますけど……。

間違えた会話、うまくいかなかった会話も、確実にレベルアップの機会になります。ミスをしたら経験値ゼロ、じゃないんです。そして**「この通りやれば実践で絶対に間違えない！」なんて話し方は、残念ながら存在しません。**それを謳っているものは信用しないことです。

でもですね、実践ではやっぱりできるだけ間違えたくなくて。恥ずかしいし、なんか自信なくしちゃいます。

その気持ちもわかります。間違えそうだから積極的に喋れない。しかし、間違えている気がする時ほど、正解だったりします。
現時点では、まだまだ英文法が体に染みていません。その状態では、英語を話していても無意識で日本語の文法からジャッジします。
そうすると、英語が間違っている気がするのは当然なんです。

え？ どういうことですか？

「English teach」と聞くと自然に聞こえませんか？　英語を教える、と。でもそれは、日本語の感覚です。英語では、これだと「英語が教え

る」です。

こういった感覚のままだと、正しい文章を話しても、間違っている気がしてしまうのです。

まぁ、正しい文章で話したからといって、会話がうまくいくとは限りません。ほら、日本人同士でも誤解が起きたりわかり合えなかったりするじゃないですか。

それはありますね。同じ日本語で話してるのに、何でこんなに伝わらないんだろうとか。

コミュニケーションとは本来そんなものです。なので、もっと緩く、気楽にとらえてみてください。いろいろ試して、間違ってもうまくいかない時があっても、着実に一歩ずつ進んでいますから。信じてついてきてくださいね。

はーい！（なんか先生のドヤ顔にやられてる気もするけど）

会話に臨場感がアップ

「今」が言える現在進行形

ついに現在進行形まで来ましたよ。これで「今していること」が言えて、臨場感のある話ができます。

使う機会が多そうですね。コツはありますか？

はい、またも繰り返しになりますが、コツはやっぱり日本文末尾の動詞に注目することです。ヒントは「て」です。

……て???

日本語の現在進行形では動詞に「て」が必ず入ります。濁った「で」も同じです。末尾の動詞に「て」があれば現在進行形を使います。

今テレビを見てるのに。本を読んでるの。今料理をしてる。あー、確かに入りますね。あの、毎回こんなこと考えながら話すんですか……？

はい、残念ながら。なので最初はやっぱり疲れますよ。私たちが英語を話すには、2つのレベルがあります。**レベル1が、日本語で考えて、英語で話す。**

レベル2が、英語で考えて、英語で話す。

入り口は全員レベル1からです。

日本語に対して注意深くなり、適切に変換していく。これを繰り返しているうちに、形式として捉えていた英文法や音に、イメージや意味がくっついてきます。これがいわゆる「英語脳」です。

そうなるまでは、ゆっくりでもいいので、粘り強く日本語から英語に変換していきましょう。

現在進行形の作り方

現在進行形では、これまで学んできたSVOの文章に以下2つ変更を加えます。どちらかを忘れるミスが多いので、両方をクセにしてください。

1　be動詞を入れる。
2　Vの動詞にingをつける。

I go	⇨	**I'm going**
He watches the movie	⇨	**He's watching the movie**

三単現sや過去形ed同様、ingでも例外があります。

swim	⇨	mを増やして	swimming
lie(嘘をつく)	⇨	大きく変化	lying

しかしこれもやはりパソコンが自動的に修正してくれます。英文を手書きする際や英語の先生を目指している人以外は、覚える必要がありません。浮いた時間で、新しい単語を覚えたほうが有意義です。

現在進行形ではbe動詞を使うので、否定も疑問もbe動詞のルール(136ページ)で作ります。つまりbe動詞の後ろにnotを入れるだけです。

He's not working.　彼は作業してないわね。

You're not eating. Are you ok?　全然食べてないじゃん。大丈夫？

疑問文では、be動詞がSの前にくるだけです。

Are you listening?　聞いているのかね。

Who are you talking to?　誰と話してるの？

未来の表現

これまでは現在形にtomorrowなど未来情報をつけていました。**これからは現在進行形で未来を表現してみてください。**

現在進行形に未来情報をつけるだけで、未来のことになります。

I'm going to Roppongi tomorrow.

会話中は未来の話だという共通認識があれば、毎回未来情報をつけなくても成立します。上記に「Why are you going?」と tomorrowなしで尋ねても、問題ありません。

column

英語脳ってなに？

英会話学習者なら誰もが憧れる英語脳。英語脳に切り替わった目安となるのは、夢です。

夜に見る夢の中で英語で話していたら、英語脳に変わったサインだといえます。留学未経験の方でも、私の生徒さんには英語で夢を見るようになった方がいます。

そうなるまでの学習時間には個人差がありますが、実はすでに、だれしもにある程度の英語脳が備わっています。

例えばイチゴ。「ストロベリー」と聞けば、イチゴの赤い果実のイメージが浮かんできませんか。わざわざ日本語に変換しなくても、そのもののイメージが浮かぶ。この感覚こそが英語脳です。

このように、様々な英語が母国語に溶け込んでいる日本人なら、すでに英語脳の素養があるのです。

「じゃあ英語脳になったら、動詞ファーストとか４つの箱なんかの意識もいらなくなるの？　やった！　ばんざい！」と思いたくなりますが、それがそうでもありません。

あくまで英語は第２言語。母国語が日本語なのは生涯変わりません。

英語がいくら上達しても、複雑なことを考えるときには、日本語の思考に切り替わります。

そんな時はやっぱり「動詞ファースト」などの基本的なメソッドに立ち戻って英語にします。万能３動詞だって、言いたい単語をド忘れしたら、私は今でも使いまくります。

「先生、だったら一生ネイティブになれないってことですか?」と生徒さんに聞かれることがよくあります。答えは「99%は可能ですが、100%は難しい」となります。私も100%ではありません。

でもそれってじつは、いいことなんです。仕事で同僚や上司が書いた日本語の文章を英訳するなどの「他人が書いた日本文を英訳する場面」ではスムーズに行えます。

それは私たちが「日本語から英語への変換」を経て上達するからです。

帰国子女の中には、そういう場合にあまり自信がないなんて方もいます。第2言語だからこそ活きる場面があるのです。

I'm doing と I do

現在進行形と現在形の違いってなに？

突然ですがクイズです。現在進行形「I'm listening」と現在形「I listen」の違いは何でしょうか？

「今」が言えるのが現在進行形ですよね。「私は今聞いています。」現在形は……現在も今のことですよね？ なんだこれ。

おっしゃる通り、現在形も「現在」なんですよ。では話がまた変わるのですが、ゆかりさんはどんな音楽を聞きますか？

え？ まあ、流行りの曲とか配信サービスで聞きますけど。

流行りの曲を聞く。これが答えです。聞く、と聞いてる、の違い。**「普段」と「今」の違い**です。先ほどの「どんな音楽を聴きますか？」は、普段のことを尋ねているんですね。一方、もし私がイヤホンで音楽を聞いていたら、何て声をかけますか？

や、邪魔しないです。興味ないし（笑）

そんなこと言わずに聞いてくださいよ……。

はいはい(笑)。「何を聞いてるんですか」ですよね。
あ、確かに「て」が入ってますね!

そうです。「今」の質問ですよね。これが現在進行形と現在形の違いです。ただこれはあくまで基本のとらえ方で、実際の会話では、どちらでもOKということもあります。

あれ、でも先生。「いつも何を聞いているんですか」も「て」になっちゃいます。

そうなんですよ。でもここでは「いつも」と言ってますよね。普段・日ごろ・いつも。そんな言葉は普段の習慣を聞いているので、現在形を使うんだなとわかるんです。

「普段」なら現在形、「まさに今」なら現在進行形

「現在進行形は『今』の表現で使いましょう」というのが基本の説明です。しかし**「最近継続していること」は現在進行形で表現するのが自然です。**

例えば最近見ているドラマシリーズ。

「What series are you watching now?(最近どんなドラマを見ているの?)」は「今」この瞬間ではありませんが、現在進行形を使うほうが自然です。「What do you watch?」でも不自然ではありませんし通じます。答える方も「I'm watching Prison Break.」「I watch Prison Break.(プリズンブレイクを見ています。)」と、どっちでもOK。

どちらかというと現在進行形が自然ですが、あまり気にせずバンバン喋ってください。

オンライン英会話で、
以下の疑問文からフリートークをしてみましょう。

What do you usually do on weekends?

週末は普段、何をしていますか?

達成条件

* 現在形・過去形の作り間違いを指摘されない。
* 現在形・現在進行形の使い分けの間違いを指摘されない。
* I am goのような間違い方をしない。

ここまで学んでいれば、かなり多くの表現が使えるようになっています。言いたいことは何らかの方法で言える確率が高いです。

おそらく過去形やbe動詞以外のところで指摘されるミスはあると思います。

それでも気にせず、これまで学んできたことを活用して喋ってみてください。

There was と It was で
過去の出来事のディテールが言える

今回は文法解説ではなく実践テクニックです。あ、文法も少しありました。

嘘つき……。

まあまあ。マスターすれば、旅行の話ができますよ。

旅行先で使うフレーズってことですか？

いえいえ。Lesson3の過去形だけでは言えなかった過去の出来事のディテールについて言えるようになります。例えば、去年行った旅行の話。「去年オーストラリアでどこに行った、何を食べた、おいしかった、コアラがいた、かわいかった」といった話です。旅行に限らず、「この前コストコに行ったんだけど」という日常会話が、これでバッチリです。

トラベルイングリッシュとは違うんですね。

トラベルイングリッシュでは、旅行の土産話ができませんよ。難易度が全然違います。

え、そうなんですか？トラベルイングリッシュって別に難しくないんですか？

トラブルの場合は別として、ホテルでのチェックイン、空港で荷物を預ける、レストランで注文する。そういった普通のシチュエーションなら、パターンを3つ覚えれば十分です。私のレッスンでもトラベルイングリッシュは1時間も勉強すれば十分ですが、土産話はここまで来てようやくできるくらいですから。

でも旅行のフレーズ集の本って、けっこうボリュームありますよね。3パターンってことはないんじゃないですかぁ??

旅行前に、それを本当に全部覚えますか？　それで覚えた膨大なフレーズの中から適切な言葉を、実践で言えますか？

え、なんですか急に。こわい。

もちろん私もフレーズ集は持っていますが、それらを全部覚えても喋れるようになりません。

いや、そこは断言しちゃいけませんね。語学の才能がある方は、フレーズ集でも喋れるようになります。**フレーズ集は基礎基本ができている中級者以上の方が、表現を広げるためのものです。**これまではホテルのチェックインで簡単にこう言ってたけど、なるほどこの言い方カッコいいな、今度使ってみよう、っていう。

じゃあいいですよ。「その3つで十分」っていうトラベルイングリッシュ用のフレーズを、今度絶対教えてくださいね。

もちろん。今回は過去のエピソードを話す時のテクニックです。

旅行の土産話で慣れていこう

今回学ぶ表現は、旅行に限らず、過去の話をより深く伝えられるテクニックです。特に旅行の土産話でよく使うので、慣れるためにおすすめの話題です。

トリプルFでも、旅行は初対面のトピックに最適だという話をしました。その旅行の話もいっそう盛り上がりますよ。

まず以下の例文をご覧ください。

シドニーで動物園に行ったら
コアラがいて
すごいかわいかった。

この3行は、以下の3つの内容に分解できます。**日常会話での過去のエピソードは、大体がこの1〜3の繰り返しで構成されます。**

1	行動（〜に行った、食べた、見た）	⇨	**動詞ファースト**
2	見たもの（〜があって、〜がいて）	⇨	**There was~**
3	感想（すごく〜だった）	⇨	**It was~**

1	行動（〜に行った、食べた、見た）	⇨	**動詞ファースト**

1は動詞ファーストで作れますね。誰が何したという文です。

I went to the zoo in Sydney,

2と3の表現も簡単です。

2	見たもの（〜があって、〜がいて）	⇨	**There was~**

Thereは単体では「そこ」を意味しますが、isとセットで「〜がある」という意味になります。

There is a new taco restaurant.
新しいタコスのレストランがあるよ。

There is a bathroom over there.
お手洗いはあちらです。

場所を入れるならThere is○○の次です。

There is your sandwich on my desk.
あなたのサンドイッチが私のデスクにあるんだけど。

There are many DVDs at my home.
うちにDVDたくさんあるからさ。

複数であればbe動詞もareになります。ですが、ネイティブでも間違えるので神経質にならなくてOKです。過去のことならbe動詞も過去形を使います。過去のbe動詞は単数がwas、複数がwereです。

2つに減って楽になりましたね。

There was a koala on the tree!
で、木の上にコアラがいたの！

There was a Christmas party at my office last week.
先週会社でクリスマスパーティがあったんだけど。

このように催しごともthere isパターンで言えます。

否定も疑問もbe動詞のルールです。もう覚えましたよね？

There wasn't any money in my wallet.
サイフに全然金がなかったんだよ。

There isn't love in your heart.
あなたって冷たいのね。

Are there any problems, sir?
お客様どうかされましたか？

Why was there a sock on your shoulder yesterday?
何で昨日お前の肩に靴下のってたの？

3　感想（すごく〜だった）　⇨　It was~

感想を言う際はIt is（過去ならIt was）を使います。※「That is」でも大丈夫。

基本的には「Delicious! うまい！」のように単語でも構いませんが、ちょっと頑張って文章で言うと、上達も早くなります。

「Delicious!」なら「It is delicious!」です。過去のことならbe動詞を過去形wasにするだけ。

It was terrible.
ひどかった。

It was…I don't know.
もう、なんて言っていいかわからない。

How was~?で話を広げよう

「How was~?」は相手の話を広げるのに便利です。wasの直後に聞きたいものを入れます。ここまでで大分表現が広がりました！

How was your trip?
旅行どうだった？

How was the test?
テストどうだった？

ここまでの文法を使った会話モデル

Aゆかりさん　Bキャシー

A　Hi Cathy, how are you?

B　Hi, how was your weekend?

A　I went to Osaka with my friend. ☜1 行動

B　Cool, how was it?

☟2 見たもの

A　There was many restaurants, it was so cheap and delicious! ☜3 感想

B　Wow, what kind of food?

A　Many fries. Pork, vegetable, and we had blowfish.

B　Blowfish? Japanese people eat blowfish?

A　Yes, professional chefs cook blowfish. It's safe and very delicious. Fresh, grill, fry, hot pot, there was so many variation.

B　Wow, I can't imagine the taste.

A　There is one blowfish restaurant in this city, we can go together.

B　Ahh, ok, sure. Let's go.

※Aの英文には細かいミスがありますが十分通じるレベルです。

日本語訳

A　あ、キャシー、元気？
B　うん。週末どうだった？
A　友達と大阪に行ってきたの。
B　いいなー。どうだった？
A　食べるところがたくさんあって、すごく安くておいしいの。
B　すごい、どんな食べ物があるの？
A　揚げ物がすごいよ。豚肉とか野菜とか、あとフグ食べたんだ。
B　フグ？　日本ではフグ食べるの？
A　うん、専門の調理師がさばくから安全だしすごくおいしいよ。刺身と、焼き物と、揚げ物と、あと鍋にして。いろんな食べ方があるんだ。
B　味が全然想像できない。
A　この街にもフグ料理屋あるよ、一緒に行こうよ。
B　えー、あー、うん。わかった、行ってみよう。

POINT

be動詞はS＝Oのイコールを意味する。

新しい文法や言葉は、間違ってもいいので実践でどんどん使う。

be動詞＋動詞ingで現在進行形が言える。

普段のことなら現在形、まさに今や、最近継続していることは現在進行形。

現時点では、現在進行形＋未来情報で未来のことを言う。

過去のエピソードは3つの要素で伝えらる。

1　行動（～に行った、食べた、見た）　⇨　**動詞ファースト**
2　見たもの（～があって、～がいて）　⇨　**There was~**
3　感想（すごく～だった）　⇨　**It was~**

「How was~？（～ってどうだった？）」で相手の話を広げられる。

おすすめ教材

『ケンブリッジ英文法』ユニット1、2、3、4、5

『瞬間英作文』
Part1「中学1年レベル」②㉑以外すべて
Part2「中学2年レベル」①

『英語の口になる』ユニット1

Lesson

5

気持ちを伝える3つの言葉

細かいニュアンスが伝わる！

したい・しなきゃ・できるの言い方

ここまでのメソッドを使って旅行の話をしてみて、いかがでしたか？うまくいきましたか？

あの、一言で言って驚きました。頭が真っ白でフリーズ、なんてことがなくなりました。前なら諦めていた内容でも「言えるところまで言ってみよう」と思えます。

自分が思っている以上にいろんなことが言えるようになっていますから、どんどんチャレンジしてみてください。もしもうまく言えない時は、この言葉を思い出してください。

Never mind.

「何でもない、気にしないで」という意味です。気持ちを切り替えて、次の話題にいきましょう。

使ってみます！

接し方が少しだけ柔らかくなりましたね。

だんだんメソッドのすごさを実感したので。最初は半信半疑でしたけど、確

かに英会話に苦労した人じゃないと思いつかない方法ですね。ずる賢く確実に上達していく感じで。

(褒められてるんだよね……?)

さあ、今回学ぶのは**手持ちの言葉と組み合わせて、表現の幅を一気に広げてくれる3つの言葉です。**

これまでのレッスンでは、ピッタリの表現が見つからないから、妥協して言い換えたことがありましたね。例えば「買わなきゃいけない」を「買いに行く」にしたり。

あー、あります。細かいニュアンスを、どう英語にしていいかわからなくて……。「〜しなきゃ」をどう言うのかわからないんです。「買わない」「行かない」だとbuyやgoの否定だなってわかるんですけど、そういう意味じゃないし。

そう、これは動詞1つではできない表現なんです。今日はまず、「できる・したい・しなきゃ」の3つの表現をマスターしましょう。

それぞれの否定まで使えたら、一気に表現が広がりますよ。

確かに、「できない」も、言い方がわからないから「しない」って言っていました。本当は違うのに。教えてください!

want to／have to／canの使い方

まず覚えたい3フレーズ

want to do doしたい
wants（動詞）

have to do doしないといけない（しなきゃ）
has（動詞）

can do doできる
（動詞）

どのフレーズも主語の直後に置きます。want toだけでは意味をなさない不完全な状態なので、do（動詞）がついてようやく「doしたい」の意味になります。

三単現のsがつくとwantsやhasになります。会話中は忘れていいので、自宅学習で無意識で言えるようになりましょう。

I want to drink whisky every day.
ウィスキーは毎日飲みたい。

You have to watch this movie.
この映画、絶対見たほうがいいよ。

He can do it.
あいつならできるよ。

want to／have toの否定・疑問

否定・疑問の場合、canだけが例外なので後で扱います。

want toとhave toはdo動詞と同様に、Do youやdon'tを使った作り方です。

否定	**I don't want to do~** doesn't	doしたくない。
疑問	**Do you want to do~?** Does	doしたいですか？

Do you want to see my photos from the school play?
文化祭の演劇の写真見たい？

Why do I have to come to the office at 7:30?
なんで朝七時半に出社しないといけないんですか？

He doesn't want to cook for his friends.
あいつ友達には料理したがらないんだよ。

You don't have to give me presents every time.
毎回プレゼントとか買ってくれなくていいんだからね。

have toの否定は要注意

注意が必要なのは、have toの否定です。「〜してはいけない」ではなく、**「〜しなくてよい」**という意味になります。

You don't have to eat it all.　全部食べなくていいよ。

「〜してはいけない」という禁止の意味はcanの否定で表現します。

You can't eat it all.　全部食べないで。

canの否定・疑問だけ例外

canの否定や疑問ではdon't(do not)やDo youは使いません。下線のdoの位置にcanが入ります。

否定　**can't do**
　　　can not (動詞)

疑問　**Can you do~?**
　　　　　　　(動詞)

I can't swim.
俺カナヅチなんだ。

You can't open that album.
そのアルバム絶対開けないで。

Can you come to the office at 7:30 everyday?
会社には朝7時半に来てもらっていいかな。

How can you say that to your mother?
なんでそんなこと実の母親に言えるの？

その他の意味

この3つの表現で以下のようなニュアンスまでカバーできます。

〜したらいいよ	**can**
〜したほうがいいかも	**have to**
〜すべき	**have to**
〜してみたい	**want to**
〜するのは嫌だな	**don't want to**

ニュアンスをつける助動詞には**mustやshouldなど他にも種類がありますがそれらで言えることはこの3つで大体言えてしまいます。**なので、まずはhave to, want to, canを使いこなせるようになってください。バリエーションを増やすのはそれからでも遅くありません。

「〜かも」maybeの使い方

この3つでも言えないのが「〜かも」。これはmaybeを文章の最初か最後につければOKです。

そのパーティー行ってみたいかも。
Maybe I want to go to that party.
I want to go to that party, maybe.

このように、言いたいニュアンスを完璧に表現できるのがベストではあります。しかし実践の一歩目では**一番伝えたいことに集中する**ほうが大切です。

「行ってみたいかも」と言いたいとき、「行ってみたい」という要求と「かも」の曖昧さ、どちらの意味が大切でしょうか。

伝えたいのが「行く」という決定なら「I go.」
「行きたい」という希望なら「I want to go.」
「行くかも」という曖昧さなら「Maybe I go.」

慣れるまでは動詞に加えるのは1表現にとどめましょう。

日本文の意味をすべて拾おうとすると、考えるのに時間がかかりすぎてしまいます。スムーズな会話のために、取捨選択してみてください。

Mission 12

以下を英文にして、声に出して言ってみましょう。

1周目はスピード重視。細かい表現は気にせず、ぱっと作ってみましょう。
2周目は細かい表現も拾ってみてください。時間がかかったりつっかえても構いません。

1　悪いけどこのスープは飲めないよ。
2　今日絶対この書類終わらせないといけないんですけど。
3　どうすればあなたみたいに上手に料理ができるの？
4　多分ジョンはあんまりキャンプ行きたくないと思うよ。
5　大丈夫、多分父さんがこのパソコン直せるよ。
6　本当に中国語でプレゼンできるのか？
7　その映画は見なくていいと思うよ。
8　キャサリンもイベント参加したいって。
9　どうして私が彼のために謝らないといけないんですか？

英文はこちら ☞

解答例

1周目と2周目の解答を分けています。

☜1周目はスピード重視
☜2周目は細部に注意

1 I can't drink soup.
Sorry, I can't drink this soup.

2 I have to finish this paper.
I really have to finish this paper today.

3 How can I cook good?
How can I cook that well?

4 John doesn't want to go to camp.
I think maybe John doesn't want to go to the camp very much.

5 My father can repair computer.
Don't worry, maybe my father can repair the computer.

6 Can you do presentation Chinese?
Can you really give a presentation in Chinese?

7 You don't have to watch that movie.
I think you don't have to watch that movie.

8 Catherin wants to join event.
I heard Catherin wants to join the event.

9 Why do I have to say sorry?
Why do I have to say sorry to him?

過去形も使いこなそう

できた・したかった・しなきゃいけなかったの言い方

いかがでしたか？ 新しい表現を実際に使ってみて。

覚えたのは3つだけなのに、言えることがかなり広がりました。スムーズに言えるとすごく気持ちいいんですけど、まだまだぱっと出てこないですね……。

最初はそれが当たり前です。その都度ぴったりの言葉を選ぶのは大変ですよね。でも諦めずにがんばってください。じきに自然と日本語の「〜したい」と同時にwant toって出てくるようになります。

前に言ってた英語脳ですね（147ページ）。このままたくさん話したら、そうなれますか？

自宅学習と実践を繰り返したら、必ずそうなれますよ。自宅学習でおすすめなのは、音源・英文を使ってのシャドーイングです（105ページ）。**シャドーイングは、リーディング、リスニング、スピーキング、発音のすべてに効果があります。**1人でできる英語学習として、最も効率のいい練習方法です。

わかりました、やってみます！

今日は3表現の、過去形を学びます。否定と疑問も含むので、言えることが更に広がりますよ。

want to／have toの過去形

過去形を学ぶことで、**「行きたい」から「行きたかった」、「買えない」から「買えなかった」が言えるようになります。**

wantは**wanted**、**have**は**had**と過去形にするだけです。

I wanted to go.

行きたかったのに。

I had to sell the car.

あの車は売らないといけなかったんだ。

上記の例文には、wantedとgo、hadとsellというように、1文に2つの動詞が入っています。このような文は他にもあります。

I start to do my homework.

宿題をやりはじめます。

この文章を過去形にしたい場合も、**最初の動詞のみ過去形にします。**

I started to do my homework.
過去形 原形

宿題をやりはじめました。

更にhave toを組み合わせるとすると、こうなります。

I had to start to do my homework.
過去形　原形　原形
宿題をやり始めないといけなかった。

つまり、どれだけ動詞が重なっても最初にくる動詞のみ過去形にすればOKです。

過去形の否定・疑問

否定、疑問も同様に、最初の動詞のみ過去形になります。

I didn't want to go to the party in the first place.
そもそもあんな飲み会行きたくなかったよ。

You didn't have to bring so much food.
こんなに食べ物たくさん持ってこなくてよかったのに。

Where did you want to have lunch?
どこでお昼食べたかったの？

Did you have to say that to your co-worker?
そんなこと同僚に言う必要あった？

canの過去形

canの過去形はcouldです。

I could meet the president last week.
社長には先週会えました。

He couldn't propose on the date.
デートでプロポーズできなかったんだって。

Could you finish this paper for me?
この書類、私の代わりにやって頂けませんか？

Could youは丁寧なお願いで使うことが多い

couldで注意が必要なのは疑問形です。「〜できましたか？」という「過去の可能の意味」よりも、**お願いごとで使うことのほうがずっと多いのです。**基本はお願いごとで使い、文脈によっては過去の可能になる、くらいに思って大丈夫です。

Could you speak a little slower?
少しゆっくり話して頂けませんか？

Could you check my English email?
メールの英語チェックして頂けませんか？

7タイプを使えたらOK

前置詞で情報を自然につなげる

動詞まわりの表現はだいぶ慣れてきましたね。

う〜〜……頭パンパンです。特にhave toの使い方になかなか慣れません。

でも全部、判断基準は理解できましたよね？

はい、落ち着いて考えればどうにかなりそうです。ゆっくりだけど、ちゃんと言いたいことを言えると思います。

その感じなら大丈夫です。使える表現が増えた分、選ぶのにも時間がかかります。どんどん使って慣れれば、話すスピードも上がっていきますよ。
しばらくは動詞関係の文法は増えないので、これまでの表現の練習にあてましょう。
さてここで、改めて4つの箱を思い浮かべてください。
ここまでは3つの箱SVOを正しく埋めることに集中してきました。今日は**4つ目の箱、つまり「その他の情報」の並べ方**を学びます。

使える前置詞10

前置詞を使うと、情報をスマートにつなげられます。

これまでは、4つの箱の4番め「その他の情報」は思いつく順に並べるだけでした。

昨日友達とマクドナルドでお昼を食べたんだ。

I had lunch Mcdonald yesterday my friend.
S V O

その他＝思いつく順に並べるだけだった

ここからは、前置詞を使って以下のような文が作れます。

Yesterday, I had lunch at Mcdonald with my friend.

その他＝前置詞でつなげられる

SVOに続く「その他の情報」は、大きく6つに分類され、使える前置詞も決まっています。

1	場所(どこで)	**in, at**
2	時間(いつ)	**at, on, in**
3	同行者(誰と・何と)	**with**
4	手段(なにで)	**by**
5	行き先(どこへ)	**to**
6	起点(どこから・誰から)	**from**
7	目的(〜のために)	**for**

1 場所(どこで)

in 地名

I had sushi in ginza.
銀座で寿司を食べたんですよ。

at 地名以外

I have a parent-teacher meeting at school today.
今日は学校でPTAの会合なんです。

2 時間(いつ)

at 時刻

I can drink a little bit, I have to go at 10.
少しなら飲めますよ。10時には行かないとですが。

on 日・曜日

I can't work on Saturday.　土曜に仕事とか絶対無理です。

in 週・月・季節・年・世紀

I don't want to stay in Tokyo in summer.
夏の東京には居たくないな。

3 同行者（誰と・何と）

with 誰・何

I want to go to Akihabara with you.
君とアキバに行きたいんだ。

Can you come to the meeting room with the document?
ちょっとその書類を持って会議室来てくれる？

4 手段（なにで）

by ～で（手段）

Did you travel here by airplane?
飛行機で来たんですか？

I drew by hand.
これ手描きなんです。

5 行き先（どこへ）

to 行き先

I took a train to Glasgow.
そしたらグラスゴー行きの電車乗っちゃってさあ。

I gave the comic to my brother.
あのマンガなら弟にあげちゃったよ。

6 起点（どこから・誰から）

from 起点

Now we have a word from our president.
それでは社長のお言葉です。

I got this coat from my sister.
このコートはお姉ちゃんにもらったんだ。

7 目的（〜のために）

for 〜のために

I did a lot of research for my presentation.
プレゼンのためにかなり調べ物をした。

Did you buy the new glass for me?
私のために新しいグラス買ってくれたんですか？

前置詞はこれ以外にもありますが、特によく使うのがここにあげた言葉。間違えても大丈夫なので、とにかく使おうとするのが大事です。

ここからLesson7までは、学んだことの応用・延長で理解できることばかり。わからなくなったら何度でも戻って、ご自身のペースで進めてください。

ここまでの表現をフル活用すれば

あなたはもう、こんなに話せる！

さて、ここでエピソードトークに挑戦してみましょう。
必要な表現はほぼそろってます。

普通の過去の話とは、どう違うんですか？

ざっくり起承転結と心情表現があって、人に話したくなる内容です。例えば「学生時代の出来事」「仕事で起こった事件」「お店にクレームをつけた話」などです。何となく起承転結と心情表現があり、人に話したくなるお話、です。相手の質問なしでも成り立ちます。

……まだピンときてません。

例えば、オンラインショッピング、ネットフリマとかで揉めたことはありませんか？

あー、あります。

友達にその話をしませんでしたか？

けっこう話しました。飲みながら。

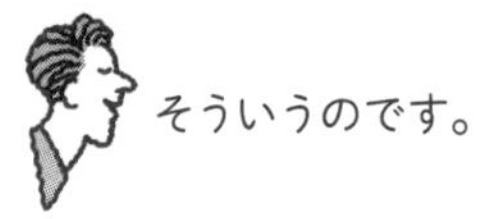

そういうのです。

でも結構込み入ってるし、長い話ですよ？

では実際にその話を英語にしてみましょう。
ここまでの知識の使い方を、例文を使って説明します。もちろん話が違えば使う単語も違うのですが、考え方には汎用性があります。

私もフリマサイトですごい困ったことがあったんですよ。
かわいいスカートだな、って思って買ったんですけど、
でもサイズが説明と全然違ったんですよ。
説明には丈60センチって書いてたのに、30センチしかないんですよ。
そんな、30センチて。ねえ、ほら。やばいじゃないですか。
で、出品者に言ったんですよ。サイズが全然違いますよ、って。
そしたら「クレームは困ります」って言うんですよ。
もう、意味わかんないじゃないですか。運営も助けてくれないし。
で、もういいから悪い評価をつけて終わろうと思ったら、こっちの住所とか知られてるんですよね。
だから仕方なく「良い」評価にして、ブロックして泣き寝入りですよ。

さて、一見複雑に感じる文章ですが、現時点の文法で十分伝えられます。

動詞ファースト、万能3動詞、言い換え、簡略化などを思い出して、まずは自分で英文にしてみましょう。

その後、この先の解説へ進んでください。

私もフリマサイトですごい困ったことがあったんですよ。

まずは文末のVを探します。「あったんですよ」。
万能3動詞haveを使ってI hadと言えます。次にSVOのO。「困ったこと」にはトラブルtroubleが使えます。

I had trouble at online flea market, too.

かわいいスカートだな、って思って買ったんですけど、

思う、が余計です。ここは単純に「かわいいスカートを買った」で十分です。

I bought a cute skirt.

でもサイズが説明と全然違ったんですよ。

違ったはdifferentが使えます。これは「動き」ではないので、be動詞でつなぎます。「説明」という単語はいりません。「サイズが違った」で十分です。

The size was very different.

説明には丈60センチって書いてたのに、30センチしかないんですよ。

It saysというフレーズが使えます。「(本やポスター、ウェブサイトに)○○と書いてある」と言いたい時に使える表現です。先入観、錯誤、誤解に対して事実を言う時は、actuallyをつけます。

It said 60 centimeter long, but actually, it was only 30!

そんな、30センチて。ねえ、ほら。やばいじゃないですか。

感情表現come onを使います。思い通りにいかない時、予想と違う時、同意を求める時の切り出し方です。

「ねぇ、ほら」にはyou knowがぴったりです。うまく言葉が見つからない。わかるよね？ そんな時にハマる言葉です。

Come on, 30 centimeter? That's.. You know?

で、出品者に言ったんですよ。サイズが全然違いますよ、って。

「言った」「サイズが違う」どちらから言おうか迷ったら、とりあえず前からいきましょう。迷うということはどっちが重要かはっきりしていないので、結果どっちでも良いのです。

I said to the seller, size is very, very different.

そしたら「クレームは困ります」って言うんですよ。

「言うんですよ」の主語に気を付けて。

クレームは英語ではcomplain。Claimだと「主張する」という意味になり、珍しくカタカナ言葉と意味が違うものです。

「困ります」の言い方に迷ったら、「おととい変換(72ページ)」の出番。具体的に考えると「クレームをつけるな、返品はできない」なので、禁止のcan'tを使います。

And she said, you can't complain, you can't return the skirt.

もう、意味わかんないじゃないですか。運営も助けてくれないし。

意味がわからない、理解できない。don'tでもcan'tでもいいです。

What? Why? I don't understand. The auction company doesn't help me, too.

で、もういいから悪い評価をつけて終わろうと思ったら、こっちの住所とか知られてるんですよね。

「思ったら」を「〜したかった」に言い換えます。「知られている」は受け身ですが、主語の選び方で受け身を使わなくても言えます。

I wanted to give minus point, and finish, but she knows my address and everything.

だから仕方なく「良い」評価にして、ブロックして泣き寝入りですよ。

「だから」と「なぜなら」は違う意味の言葉ですが、ついついどちらにもbecauseを使いがちです。

結果　**because**
理由　**so**

日本人は理由を先に話すことが多いのでsoの方が相性がいいです。becauseと言いたくなったらso、くらいに考えて大丈夫です。

「泣き寝入り」は「諦めた＝ギブアップ」にしましょう。

So I gave plus point, and blocked her, and gave up.

そのスカートはどうしたのって？ おばあちゃんがはいてる。

Oh, the skirt? My grandma wears.

最後に嘘でもオチをつけられたら、もうアメリカ人の仲間入りです。そこが飲み屋なら、誰かが一杯おごってくれます。Maybe.

ここまではあくまで一例ですが、ここからぜひ**言い換えや簡略化の感覚を応用してみてください。**

接続詞はいらない？

接続詞なしで、文と文を直接つなぐテクニックがあります。

例えば「あなたがパーティに来てくれてよかった」は、そのまま「You came to the party, it was good.」。このように行動＋感想は、直接つなげられます。

「その映画面白くないって聞いたよ」は「I heard that movie isn't good.」など、聞いた、思う、見た、信じる、なども直接つなぎでOKです。

欲を言うと、どちらの場合も後ろの文章から始まるのが自然です。It was good、I heardが先のほうが自然です。

実際の会話では言いたいことは一文におさまらないことが多いです。そんな時は、つなぎ方は気にせず、文章をどんどん並べていってください。

今使える
カードだけでも
けっこう
話せますよ！

Mission 13

**以下のテーマから1つ選んでオンライン英会話で
そのエピソードを話してみましょう。**

・ショッピングでのトラブル
・旅行中のトラブル
・お酒でのトラブル

以下の文でスムーズに話し出せます。

I want to share one episode about shopping/travel/alcohol.

自分が話し終わり、相手に話を尋ねるなら以下でOKです。

Did you have trouble with shopping/travel/alcohol?

達成条件
* 相手に「理解できない」と言われず、エピソードが伝わる。
* 相手のエピソードが理解でき、リアクションや質問ができる。

不安なのでついつい事前に原稿を用意したくなりますが、あまりおすすめしません。エピソードを書き起こしてみるのは問題ありませんが、実践でカンペを用意するなら、要点をまとめたメモくらいにとどめましょう。
止まってもゆっくりでもいいので、その場で英文を作って話すと効果がアップしますよ。

メモの例（181ページのエピソードの場合）

・ スカート　60センチ
・ クレーム＝complain
・ 住所知られてる　諦めた

これまでの会話はキャッチボールでした。相手の質問で自分の話を引き出してもらえるので、ある意味でラクです。一方、今回のようなエピソードトークは、自分で話を思い出し、ペースを保って話すので難しく感じるかもしれません。

しかし、**日本語で友達とするようなフリートークができるまで、あと少しです。**

笑い話、思い出話、スカッと話ができれば、一気に距離を縮めたコミュニケーションがとれます。失敗してもいいので、ぜひチャレンジしてみてください。

おすすめ教材

『ケンブリッジ英文法』

244〜248ページで正答率9割を達成できる状態になれば、この後がスムーズです。

POINT

「〜したい」はwant to。否定形では「〜したくない」。

「〜しないといけない」はhave to。否定形では「〜しなくてよい」。

「〜できる」はcan。否定形では「〜できない」「してはいけない」。

丁寧なお願いごとではCould you~が使える。

前置詞と名詞で「その他」の箱を自然に埋められる。

おすすめ教材

『ケンブリッジ英文法』ユニット31、34、38、39（39-3は除く）

『瞬間英作文』
Part1「中学1年レベル」㉑
Part2「中学2年レベル」④⑤⑥⑫

『英語の口になる』ユニット2

column

できないまま進むとどうなるの？

みなさんここまで本当にお疲れ様です。

ここまでの内容はいかがでしょうか。理解が不十分だったり、覚えきれずに使いこなせない部分はありますか。

曖昧なところもあるけど、とりあえず次に進んじゃえ。そう思った方は、一旦ここでストップです。そのまま進むと「また挫折」ということになります。

これまでの私の指導経験上、途中まではスムーズに進んでも、多くの方がLesson5で大きな壁に突き当たります。「なんでラーメン食べたかったの？」は簡単な日本語に見えますが、英語にすると、

1　whyが使えているか
2　過去の疑問did youが使えているか
3　want toが使えているか
4　無意味にwasやingをつけていないか

と、気にするポイントがたくさんあります。

ここで間違えるとしたら、原因は2つ。**練習不足でまだ慣れていないか、Lesson3の過去形などの基本を理解できていないかのどちらかです。**そのまま進めば、かつての中学英語での挫折と同じことが起きます。

できるようになるまで同じことを学び続けるのは辛いものです。しかしそのまま進むほうが、より辛いことになります。

基礎が不安定のまま進むと、新しいことは表面的にしか理解できません。それでは言えることが増えていかず、初歩的なミスを指摘され続けて、プラ

イドが傷つき、楽しくなくなってしまいます。最初は好きだった先生や学友もなんだか鬱陶しくなり、費やしたお金と時間の全てが無駄になります。

　そうなってほしくないですし、英語を使いこなして人と話す楽しさを味わってほしいというのが私の願いです。だからこそ、ここががんばりどころです。

　187ページのおすすめ教材で正答率9割になれば、この先に進んでも大丈夫です。最初は難しくても、繰り返せばだれでもできるようになります。

Lesson 6

時制の表現を広げよう！

現在進行形ができたら

この時点で過去進行形も使えます

エピソード、話せましたね。

絶対無理だと思ったんですけど、どうにかできました！

最初のうちはエピソードをストックしておくと安心です。ストックが増えれば、応用のコツがわかってくるので、だんだん準備なしでも話せるようになっていきます。

どんな話がいいんですか？

まあ大人ですから、例えばお酒絡みの話は盛り上がりますね。自分のでも他人のでも、お酒の失敗が話せると便利です。

恥ずかしい話がたくさんあるなぁ……他人の話ってことにします。で、今日は何をやるんですか？

はい。ではまずクイズです。現在進行形のbe動詞を過去形にすると、どうなるでしょうか？ 例えばI am watching.

amが……wasになるんですよね。I was watching.

いいですね。意味は何でしょうか？

見てる、が過去になるんでしょうか？ 見てた？

完璧です。日本語では語尾で現在と過去を切り替えますが、英語では全部動詞で行うわけですね。これで過去進行形ができました。現在進行形のbe動詞を過去にするだけです。**すでに知っている文法の組み合わせで、新しい文法が理解できましたね。**

え、これで終わりですか？ なんか拍子抜けっていうか、だよね、っていう感じです。

ここまで学んできたことに、かなり慣れてきたみたいですね。作り方は問題ないと思うので、単なる過去形との違いを見ていきましょう。

過去進行形の作り方

I was watching a movie.　映画見てたんです。
└be動詞を過去形にするだけ

過去進行形は現在進行形のbe動詞が過去形になっただけです。否定も疑問も作り方は同じです。

He wasn't listening.　あいつ聞いてなかったのよ。

What were you doing in the meeting room?
会議室で何してたの？

過去形との意味の違いは、**動作の途中である**点です。

I watched the movie.　映画を見ました。

I was watching the movie.　映画を見ていたんです。

上記を念頭に置いて、このクイズに挑戦してみてください。

Q　確実に雨に濡れなかったのは、どちらでしょう？

A　I was going home, and it started raining.

B　I went home, and it started raining.

Aは過去進行形なので、家に帰る途中です。

会社を出たところなのか、電車の中なのか、とにかくまだ帰宅していません。

一方Bは過去形なので、家に帰った、つまり家に着いています。「家に着いたら雨が降り出した」というBが正解です。

過去進行形を使えば「せっかく映画を見てたのに」という、繊細なニュアンスも表現できます。

I was just watching a movie.

「せっかく」は「just／ちょうど」で表現できます。エピソードトークで、より心情や臨場感を表現できます。

過去形との使い分けのポイントは2つ。

ひとつが、**「終わったところ」と「途中」のどちらを言いたいのか。**後者なら過去進行形です。

もうひとつが、現在進行形と同じく、**「て」が入るかどうか**です。以下は全て過去進行形です。

映画を見ていたら ⇨ I was watching a movie…

友達と話していたら ⇨ I was talking to my friend…

会社に向かっていたら ⇨ I was going to the office…

気分はほぼネイティブ

whenでどんどん文章をつけ足せる

ここからが過去進行形の真骨頂です。「〜していた」だけでは、そこまで言えることは増えません。過去進行形はwhenと組み合わせてこそ輝きます。

あ、知ってる単語だ。「いつ」ですよね。過去進行形と組み合わせて「いつ〜してたの？」みたいな質問を作るんですか？

それはすでにできることです。今回学ぶのは「〜していた時」という表現です。「映画を見ていた時に、会社から電話がかかってきた」「犬を洗っていたら、手を噛まれた」などの文です。
もちろんwhenの後ろに過去形や現在形がくることもあります。「学生の時は、チョコなんて1つももらわなかった」「退社する時は声をかけてください」。このように「〜な時」という表現ができるようになります。

でもwhenって疑問文で使う言葉ですよね？

それと別に「私が子供だった時〜」という使い方もできます。ゆかりさん、何かシンプルなSVOの文章を作ってください。

えーと。My teacher drink whisky.

いいですね。その文章の頭にwhenをつけてください。動詞にsも忘れずに。

When my teacher drinks whisky.

これで「先生がウィスキーを飲む時」という意味になりました。私はよくウィスキーを飲みながらゲームをするので、「彼はゲームをする」をつけてみてください。

When my teacher drinks whisky, he does game.

完璧です。先生はウィスキーを飲む時、ゲームをする。
When my teacher drinks whisky, he plays videogames.
けっこう長い文でも、whenに慣れたら作れるようになるんです。

確かに長い文章がスラスラ作れるって、英語ができる人っぽいです。どんな文章でも最初にwhenをつけたら「〜な時」になるんですか？

そうです、疑問文につければ「いつ〜?」の質問になりますが、肯定文と否定文につければ「〜な時」になります。詳しく見ていきましょう。

whenの使い方

疑問詞のwhenはすでに習いました(109ページ)。ここではwhenのもうひとつの役割を学びます。肯定・否定文の頭につけると「〜な時」という意味に変わります。

I go to work by train.　電車で出勤します。

When I go to work by train,　電車で出勤する時

I was young.　若かったんだよ。

When I was young,　私が若かった時はね

日本語でもそうですが、「〜な時」という一文は、メインではなくサブの文章です。その後ろにメインの文章が続きます。

When I go to work by train, I read comic books.
サブ　メイン
電車で出勤する時は、漫画を読みます。

When I was young, some people had samurai hair styles.
サブ　メイン
私が若かった時はね、髷を結ってる人もちらほらいたもんだよ。

When I was a child, I took piano lessons.
サブ　メイン
私は小さい時にピアノをやってたんです。

サブでもメインでも主語は同じ「私」ですが、省略してはいけません。

特にこの「When I was」という始まりは、これから何回も使うフレーズで

す。過去の立場、職業を入れたり、過去進行形につなげます。ぜひ覚えてください。

When I was a student,　私が学生だった頃は

When I was working at the pub,　居酒屋でバイトしてた時

Mission 14

Whenをつける位置、過去形と過去進行形の使い分けに気を付けて、日本文を英文にしてみましょう。

1　休日映画を見ていた時に上司から電話があり、会社に行かないといけなくなった。

2　コンビニ行く時、私に声かけてください。私もお昼買いたいので。

3　ジョンって酔っぱらったらどうなるの？

4　私子供の頃はすごく成績良かったんですよ。

5　会社向かってた時気づいたんですよ、今日日曜日だ、って。

解答例

1　When I was watching a movie I got a phone call from my boss, and I had to go to the office.

2　When you go to the convenience store, please tell me. I want to buy some lunch.

3　When John gets drunk, how does he act?

4　When I was a child, I was a very good student.

5　When I was going to the office I realized, It's Sunday today.

「〜しようと思ったのに」がぱっと言える

willだけじゃない未来表現4つ

長い文章もスムーズに作れるようになってきましたね。

はい、順を追えば、いつの間にか長い文章でも作れますね。

はい。山の頂上だけ見ると、ずいぶん遠いところにあります。けれど一歩一歩登っていけば、いつの間にかこんなところまで来たんだ、という高さまで登っていた経験がありますよね。この調子でがんばってください。

今日の例えはわかりやすいです！

いつもわかりやすいつもりなんですが……。今日はまず未来表現からいきます。「明日は映画を観る」ってどう言いますか？

I watch movie tomorrow. もしくは進行形にして、I'm watching movie tomorrow. あとは中学でwillとかgoing to とかやったような……

ばっちりです。今日１つ目に学ぶのはgoingを使う方法です。

I'm going to watch a movie tomorrow.

でもそれって、「観に行く」goの進行形じゃないんですか？

これがならないんですよ。ちゃんと未来表現「見るつもり」の意味で受け取ってもらえます。I'm going to Shinjuku. のように場所などの「行き先」が来ればgoの進行形の意味になります。**I'm going to watch~のように動詞が続けば未来の意味になります。**きちんと意味が分かれますよ。

でも普通の進行形で未来の意味になるならgoing toとかいらなくないですか？

実は未来表現にはそれぞれニュアンスの違いがあるんです。

4つの未来表現の違い

未来表現には大まかに4つあります。そう聞くと覚えるのが大変そうですが、正解が1つじゃない、と考えたらどうでしょうか。

適当に作っても正解する確率が高いということです。そこから一歩進んで、ニュアンスごとに使い分けられたら、確実に中級者です。

1 現在形+未来情報

すでに121ページで学んだ表現です。

特に**have to や want toを使う時は未来情報をそのままつけるだけで大丈夫**です。

I have to work tomorrow.　明日は仕事しないと。

I don't want to visit your parents this weekend.
ご両親のところに今週末行くの気が進まないなあ。

2 現在進行形+未来情報

146ページで学んだ表現です。この表現方法では「近い未来」のニュアンスが出ます。「もうその予定がすぐそこまできている」という表現です。当日でも翌日でも来月でも、**自分が「近い未来」だと思うなら使って大丈夫です。**

I'm going to the US next year.
俺、来年アメリカ行くんだ。

We're opening this bottle tonight!
今日はこのボトル開けるよ!

3 **be going to do**
（動詞）

goを現在進行形にして、もう1つ動詞を置く方法です。**「あらかじめ決めた予定」というニュアンスが出ます。**ここでのgoingは「行く」の意味にはなりません。

I'm going to have dinner with my wife tonight.
今日は妻と食事の予定がありまして。

My boss is going to go to Australia.
部長はオーストラリアに出張の予定です。

4 **will do**
（動詞）

willはcanと同じ使い方です。willは動詞ではなく、その後ろの動詞も変化しないルールがあるので、主語が三単現でも動詞にsはつきません。

これは**「今決めたこと」というニュアンス**、そしてこの単語には**意志**の意味もあるので、**決意**といった表現もできます。

I will check the movie!　その映画チェックしてみるよ。

I will try your plan.　そのプランでやってみましょう。

He won't come to the party.　あいつは飲み会なんか来ないよ。

Will you marry me?　結婚してくれますか？

116ページのCould you~? 同様に、Will you~? はお願いごとにも使えます。英語では「長いほうが丁寧」とされるのでCould youのほうが丁寧。でもあまり気にせずどちらを使ってもOKです。

Will you pass me the salt?　塩取ってくれませんか？

3の過去形was going to do(動詞)で「〜するつもりだった」

ここまで学んできたみなさんならどの表現もあまり苦なく理解できるはずです。

もう1つ紹介させてください。

was going to do(動詞)で「〜するつもりだった」が言えます。

I was going to start studying now!
今勉強始めるところだったのに！

I wasn't going to say that.
あんなこと言うつもりじゃなかったんです。

What were you going to say?
何言いかけてたんですか？

toの便利な使い方！

to＋動詞で1文で言えることが増える

使える表現もかなり増えてきましたね。オンライン英会話で話す内容も幅広くなってきたんじゃないんですか？

そうですね。最近は少しずつニュースも話題にしています。映画の話題でも、登場人物とかシーンとか、前より具体的な話ができるようになりました。

もう中級者になった、って言っても大丈夫なレベルですね。とても嬉しいです。文法も残すところあと少し。7割はすでに終わってますよ。

え、もう7割ですか？

はい、**残すところあと大きい文法は2つだけです**。その2つを学んだら文法の勉強は大筋終わりです。残りは現在完了(Lesson7)と関係代名詞(Lesson8)です。

え、でもまだ色々ありますよね。残り2つってことはないんじゃないんですか？

もちろん細かいのはいくつかありますよ。この本では過去完了や比較級にはふれません。しかし大枠で考えると、細かい文法は土台がしっ

かりしていれば難なく習得できるものです。まず絶対に必要な項目に絞って、そこだけ集中してマスターして、残りはそのあとに。そのほうが着実です。

まあ、そこまで言うんでしたら……。

ただし、必要ないと言っているわけではありません。先に重要なことを学べば、あとがわかりやすいですよ、ということです。漫画に本編とスピンオフがあったら先に本編を読むじゃないですか。

その例えはイマイチかも（笑）

厳しい……。
さて、今日はtoを使って「～するために」を言えるようにしましょう。新しい単語は何も覚えなくて大丈夫です。
toの新しい使い方で、今まで2文に分けていたことが、1文で言えるようになります。そうすると会話のテンポがよくなって、自分も話すのが楽だし、相手とも盛り上がりやすくなりますよ。

「～するために」のto

ここで学ぶのはSVOの後ろにつける「その他の情報」のつなげ方です。

例えば「パソコンを買いにアキバへ行ったんだけど、」という文。アキバへ行く目的はtoでつなげられます。ここまでは176ページの前置詞forを使ってきましたが、「パソコンのため」とは言えても、「パソコンを買うため」と動詞を入れられません。

この動詞「買う」をtoで繋ぐだけです。

I went to Akihabara to buy a PC.

toの後ろに動詞の原形をポンと置くだけです。to＋動詞の後ろに、次の例文のようにSVOのOを置くこともできます。

I want to start a diet to wear this clothes.
この服を着るためにダイエット始めたいんです。

He was waiting there for 5 hours to talk to you.
あなたと話すために彼は5時間もそこで待ってたのよ。

I had to take that train to join the meeting.
会議に出るためにあの電車乗らなきゃいけなかったのに。

この文法を使うと、動詞を2つ使うことになります。気を付けたいのは、2つの動詞の位置を間違えないことです。メインのVの箱にいれる動詞は、日本文の末尾の動詞です。日本文の順番で並べてはいけません。

甲子園に行くためにもっと練習しないと……！

この文の後ろに来ているのは「練習しないといけない」です。こちらから作ります。

I have to practice

その目的は「甲子園に行く(to go to Koshien.)」です。これをつなげて

I have to practice to go to Koshien.

ここでもしっかり動詞ファーストを意識して文章を作っていってください。

この服を着るためにダイエットを始めたいんです。
I want to start a diet to wear this clothes.

経験の感想にはIt's~to do（動詞）

　be動詞の文章と今学んだばかりのtoを組み合わせると更に表現が広がり、「doするのは～だ」という動きへの感想が言えるようになります。

友達とお酒を飲むのは楽しい。
It's fun to drink with friends.

　「飲む」という動詞があるのでそこに注目しがちですが、末尾の「楽しい」から英語にします。

It's fun

　そして動詞をtoでつなげます。主語は要りません。

It's fun to drink

　残りの情報をつなげて先の文章になります。
　このように、**使える文法や表現が増えても日本文の末尾に注目する方法は変わりません。**

Mission 15

日本文を英語にしてみましょう。

1　もしおすすめしてくれなかったらその映画は観ないつもりだった。
2　本当に宿題やろうとしてたの？
3　5年前私は大学に行くためにすごく勉強していました。
4　酒飲みに大学に行ってたわけじゃないんだよ。
5　彼に会うためにカナダにまで行くつもりでした。

解答例

1　If you didn't recommend the movie I wasn't going to watch.
2　Were you really going to do the homework?
3　I was studying hard to go to college 5 years ago.
4　I didn't go to college to drink.
5　I was going to go to Canada to see him.

Mission 16

**伝えたい最近の出来事を1つ決めて、
オンライン英会話で話してみてください。
相手に聞く質問を1つあらかじめ決めて聞いてください。**

達成条件

* 出来事がきちんと伝わっている。
* 質問の答えがわかる。

もうかなり多くのことを話せるようになっています。

最近友達と行った食事、見た映画の感想、何でも大丈夫です。あらかじめ1つ決めて、あとは流れで話してみてください。

質問は何かエピソードにつながるものが良いでしょう。

「幽霊っていると思いますか？」や「誰を尊敬していますか？」「そちらではどんなテレビ番組が人気ですか？」といった、会話が続く質問がおすすめです。

これまでの文法を整理！

SVOで言えない時は2つの型を試そう

ここまでいろんな文法を学んできましたが、使いどころがあやふやになっているものがあったりしませんか？

言いたいことははっきりしてるけど、どの文法を使えばいいのかわからなくて困ることもあると思います。

それぞれの使いどころがわかれば一瞬でベストな文が作れます。

例えば「昨日地震があったんだけど」と言いたい場合、まず万能3動詞で考え始めますね。haveが適切です。

さて、ここで主語に迷います。Iでしょうか。しかし地震は他の人も体験することです。Youでよいのでしょうか。この辺から段々混乱してくる方は多いです。落ち着いて考えればWeだとわかります。

We had earthquake yesterday.

万能3動詞のhaveはさすが万能なので、このように「地震があった」も言えてしまいます。でも、もっとぴったりの表現もありますし、主語のWeが思いつかず悩んでしまうと会話が止まってしまいます。

作り方に迷ったら、**自分が作れる文章のタイプを思い出してください。**

1	普通のSVO	⇨	人が動いている内容が言える。
2	存在のThere is	⇨	物がある、人がいる等、存在が言える。
3	イコールS＝O	⇨	人・物の状態、属性等イコールが言える。

タイプ1　普通のSVO

日本文にわかりやすい動詞があれば、まずこれです。

パソコンの買い替えが必要だ。　I need a new computer.

ここに書類置いたはずなんだけど。　I put the paper here.

細かいことは覚えてません。　I don't remember the details.

よくあるのは、Oに入れるべきものをSにしてしまうミスです。例えば「口座の確認ってあまりしないですからね」という文。

Bank account don't check.

Bankを主語にしがちですが、確認をするのは人ですから、

I don't check my bank account often.

もちろんSに物が入ることもありえます。

This training can help you.
この練習きっと役に立つよ。

このタイプではSとVのチョイスがキモです。そこさえうまくいけばOは自然に最適の選択ができます。残りの情報のつなげ方が多少雑でも、問題なく伝わります。

タイプ2　存在のThere is

「～がある・～がいる」の文章ではThere isが使えます。「ある」「いる」という日本語に限らず、「存在」について言う文章ならこのタイプが使えるので、柔軟に考えましょう。

存在にはhaveが使えることもありますが、haveには主語が必要です。主語を決めにくい時に、there isが便利です。

酒類が置いてあるのは2階ですよ。
There is the liquor section on the 2nd floor.

この会社には上下関係が欠落している。
There isn't hierarchy in this company.

今家に誰かいるかな？
Is there anyone at home now?

タイプ3　イコール S＝O

be動詞を使った文章です。

日本文の末尾に動詞がなくて、存在以外の時はこの「イコール」の文章です。

つまり日本文末尾に動詞がない時は「存在」か「イコール」のどちらかで、このイコールの方が頻度が高いです。

東京は大きい街ですよ。 Tokyo is a big city.

次の電車何時？　What time is the next train?

今年の新入社員はなかなか頼もしい人ですね。
The new member this year is a reliable person.

このバッグって本革ですか？　Is this bag real leather?

うちのペットがかわいすぎる。　My pet is too cute.

3タイプがあれば安心

パターンを整理する利点は、1つのタイプを選んで文章を作り始めたけどうまくいかない場合に、別タイプに切り替えられる点です。

「イコール」でうまくいかなかったら「存在」を試す、「SVO」がうまくいかない時に「イコール」を試すことが可能になります。

迷いやすい例で練習してみましょう。

[例文1] 1階のコンビニがビルの目印です。

タイプ3のイコールが使えそうです。

コンビニ=ビルの目印

ここで、「目印」の単語に迷いませんか。この場合signで言えますが、おととい変換でもうまく思いつかないかもしれません。

そんな時は、他のタイプで言えないか考えます。ここでは**タイプ2**が使えます。

There is a convenience store on the 1st floor.
1階にコンビニがある。

文章をうまく作れなかったら、他のタイプを試みましょう。

[例文2] 私のパソコンなんだか調子がおかしいの。

私のパソコン=調子がおかしい。

タイプ3 My computer is~でも言えますが、「調子がおかしい」がわからない。そんな時は**タイプ2** there isを使ってこう言えます。

There is problem with my computer.

タイプ1 SVOで言うなら、まず万能3動詞have, do, getとセットで考えましょう。

やはりhaveが使いやすく、There isと同様にproblemを思いつければ言えます。

My computer has a problem.

［例文3］その試合でジョンが大活躍してさ。

「大活躍する」は動詞なのでタイプ1のSVOで考え始めます。

John did~

ところが「大活躍」がわかりません。おととい変換で「大活躍＝良い仕事」と言い換えてgreat jobを思いつければSVOで言えます。

タイプ3のイコールで言うならJohn was~です。大活躍する様からヒーローやスターを思いつければ理想です。

John was hero in the game.

細かい部分を正すと、以下になります。

John was the hero of the match.

POINT

whenは肯定文・疑問文の頭につけると「〜な時」という意味になる。

未来表現には4つある。

1 現在形+未来情報

have toやwant toで未来のことを言いたいとき。

2 現在進行形+未来情報は主観で「近い未来」

3 be going to do(動詞)は「あらかじめ決めた予定」

4 will do(動詞)は意志や決意

I was going to do(動詞)で「〜するつもりだった」

to do(動詞)で「〜するために」が言える。

It's~to do(動詞)で経験の感想「doするのは~だ」が言える。

SVOの文型で言えなかったら、There is やS=Oの型を試そう。

たくさん文法を学んだから、
取り組むページも多いけど、
ここまで来れたならきっと大丈夫！
ひとつひとつ、クリアしていってね！

おすすめ教材

『ケンブリッジ英文法』ユニット13、14、24、26、27、28、55、57、58、59

『瞬間英作文』Part2「中学2年レベル」②③⑦⑧⑨⑩⑯⑰

『英語の口になる』ユニット3

column

TOEICは一周まわっておすすめ

TOEICでハイスコアだからといって、英語がペラペラとは限りません。

英語にはリーディング・リスニング形式と、スピーキング・ライティング形式のテストがあります。一般的にTOEICはリーディング・リスニング形式のテストを指し、英語を読めて、聞ければ点数が取れます。

つまり、全く喋れなくても高得点が取れるということです。

以前の主流だった英検では、ライティングとスピーキングも対象でしたが、いつの間にかTOEICが英検に取って代わりました。

英検は、英会話の到達レベルがわかるのでおすすめなのですが、受験者数は以前より少なくなっています。

ただ、「スピーキングも勉強しつつ」であれば、TOEICも悪い試験ではありません。英検よりもビジネス寄りの語彙が求められるので、**仕事に直結することが多く、企業からの評価や収入アップにつながる**可能性があります。

なにより、試験を受けること自体にいい効果があります。英会話を続ける中で、モチベーションの低下は誰にでも起こります。試験はそこに**「締め切り」**を与えてくれます。勉強の**成果を「点数」として具体的に見せてくれる**ので、自信にも繋がります。

私は英会話をがんばっている方に「これだけの成果が出ましたよ、上手になりましたね」と目に見える形で伝えたいと常々思っています。その補助になるTOEICは、一周回っておすすめできます。

Lesson

時制の表現をさらに広げよう!

外国人との会話に不可欠！

現在完了まずはこれだけ

ようやく来ました。現在完了です。

現在完了って何だっけな……。それを使えるとどうなるんですか？

言えることがすごく増えます。でも覚えることも多いです。これまで新しい文法を学ぶごとに、動詞をいろいろといじってきましたね。edやsをつけてみたり、ingをつけてみたり。あの集大成が、現在完了です。

うっ、なんか大変そう……。

大変です。ただ、リターンは大きいですよ。**最も大きい恩恵が、外国人との会話では超頻出の「～したことある？」と経験について言えることです。**「大阪に行ったことある？」「お寿司って食べたことある？」

確かに。これまで「経験」には過去形を使ってたんですけど、いまいち伝わらなかったんですよね。

「お寿司食べた？」と「お寿司食べたことある？」では意味が違いますよね。「食べたことある？」が言えると、もっと会話がはずみます。

現在完了には多くの意味があるので、最初に最も使う3つを覚えましょう。

最優先で覚えたい3フレーズ

現在完了では必ずhaveを使います。
haveに合わせるのが「過去分詞」という形になった動詞です。
まずは最頻出の「超便利フレーズ」3つから使えるようになりましょう。

1	**I haven't** 過去分詞	まだ〜してない。
2	**I've never** 過去分詞	〜したことない。
3	**Have you ever** 過去分詞	〜したことありますか？

I haven't decided.　まだ決めてない。

I've never seen that movie.　その映画見たことないです。

Have you ever been to Kyoto?　京都行ったことありますか？

動詞の変形は忘れても大丈夫

Lesson6まで、動詞については2つの形を学びました。

ひとつが「原形(元の形、いじってない状態)」、もうひとつが「過去形」です。**現在完了は、3つ目の形、過去分詞を使います。**

原形	過去形	過去分詞
take	**took**	**taken**

現在完了が大変に感じるのは、この3つ目の変形まで覚えないといけないからです。「覚えられないから使えなくていいや」そう思いたくなるのもわかりますが、それでは本当にもったいないと、あえてしつこく言いたいのです。

「あれ、過去分詞なんだっけ……」そんな時は過去形で言えば大丈夫です。

「takeの過去分詞忘れた! 仕方ない、今は過去形で言おう。」

I have took~

これでOKです。have+過去形の形なら、聞き手は「現在完了を使いたいんだな」とわかってくれます。

ちなみに過去形でイレギュラーな変化をする動詞(takeやeatなど。不規則動詞と呼びます)は大体、現在完了でもイレギュラーな変化をします。

原形	原形	過去分詞
eat	**ate**	**eaten**

edのタイプなら、大体そのままです。

原形	原形	過去分詞
study	**studied**	**studied**

もちろんそれぞれ例外はあるので、覚え方の目安としてください。

「英語 活用 過去分詞」などで検索すると、便利な活用表がたくさん出てきます。よく使う動詞を自分でメモする方法もあります。万能3動詞の活用はここで覚えておくと便利です。

原形	原形	過去分詞
have	**had**	**had**
do	**did**	**done**
get	**got**	**got／gotten**

よくある間違い『その1』

現在完了でよくある間違いが**「まだ〜ない」と「一度も〜ない」を混同してしまう**というものです。

以下の文章はどちらも否定ですが、意味が全く違います。

A　I haven't had lunch.
　まだお昼を食べてないんです。

B　I've never watched Star Wars.
　スターウォーズは見たことがありません。

Aはhaven'tで否定し、Bはneverで否定します。この使い分けを誤ると、聞き手は混乱します。例えばAが言いたいのにneverを使ってしまった場合。

I've never had lunch.
お昼を食べたことがない。

「お昼を食べた経験がない」という意味になってしまいます。文としては成立しているため、聞き手は「そんな人もいるんだな」と誤解したまま受け取りかねません。

よくある間違い『その2』

もうひとつのよくある間違いが**「don't have」と「haven't」の混同**(※)です。

「車を持っていません」と言おうとして「I haven't a car.」と言ってしまうパターン。正しくは「I don't have a car.」ですね。

haven'tを覚えたからこそ起きる間違いです。do動詞の否定のdon'tと、現在完了のhaven'tの使い分けは、いずれ慣れます。間違えてもおおらかな気持ちで言いなおせば大丈夫です。

※一部の地域で現在も使われる言葉遣いなので、間違いとは言い切れないのですが、できれば使わないでください。基本文法の理解が足りていないだけなので他の英文に悪影響が出ます。

疑問文の作り方

現在完了の疑問文ではhaveが前にきます。

Have you ever been to Hawaii?
ハワイに行ったことある？

Have you ever watched Harry Potter series?
ハリーポッターシリーズって観たことある？

I've never been to Hawaii.

goはbeenに変身する

現在完了では急に「go」を使わなくなります。

goはgo went goneと変化しますが、「gone」は「キャシーはもう帰宅しました」など、その場にいない人や亡くなった人に使う表現です。今学んでいる現在完了の表現とは意味がそもそも異なります。

なので、この段階ではとにかく「goと言いたかったらbeenを使うんだな」と覚えてください。

ここまでが現在完了の一部分。入り口が肝心なので、一旦ポイントを整理して、Missionで定着させましょう。

POINT

 現在完了の基本の形はS have 過去分詞～

 とにかくまずはI haven't／I've never／Have you everの3フレーズから使いこなそう。

 混同に要注意！ haven't＝まだ～ない。have never＝一度も～ない。

 don't haveと言いたいときに、haven'tと言わないように注意。

 現在完了では、goはbeenに変わる。

Mission 17

現在完了を使って以下の日本文を英文にしてみましょう。

1　タイに行ったことはありますか？

2　韓流ドラマは見たことがありません。

3　まだケーキ食べてないよ。

4　社長にはお会いしたことがありません。

5　私の気持ち、考えたことある？

6　私の話、まだ終わってないんだけど。

解答例

1　Have you ever been to Thailand?

2　I've never seen Korean series.

3　I haven't had the cake yet.

4　I've never met the president.

5　Have you ever thought about my feelings?

6　I haven't finished talking.

Mission 18

1　**オンライン英会話で、「〜したことありますか？」の質問を5つ用意して、たずねてみましょう。**

2　**以下のフレーズで相手からも質問をもらい、現在完了の意味の違いに気を付けてフリートークをしてみましょう。**

Please ask me ‘have you ever’ questions.
私にも何か質問していただけますか。

達成条件

* 質問の答えが理解できる。
* 相手の質問が理解でき、「〜したことない」「まだ〜してない」を使い分けられる。

「have never~」はスムーズに覚えられるけど「haven't（まだ〜ない）」がすぐに浮かばない、という方が多くいます。

しかし会話の中でもかなり頻繁に使う表現です。間違えてもいいので何度も繰り返し使って、使いこなせるまで諦めないでくださいね。

オプションワードでできる

完了・経験・継続の使い分け

ここまでは、先に覚えたい3フレーズに絞って解説しました。ここから範囲を広げていきます。

現在完了には大きく分けて3つの意味があります。

1　完了
2　経験
3　継続

223ページの3フレーズも、以下のように3つに当てはまります。

I haven't 過去分詞／まだ〜してない。　⇨ 完了の否定
I've never 過去分詞／〜したことない。　⇨ 経験の否定
Have you ever 過去分詞／〜したことありますか？　⇨ 経験の疑問

いずれもすでに覚えた「have＋過去分詞」で言えます。そして、**これに追加する「オプションワード」で、3つの意味を使い分けます。**

1 完了

オプションワードは
haveの直後か
文末にいれるよ！

オプションワード just yet already

完了では上記3つのを使い「ちょうど〜した」「まだ〜していない」「もう〜した？」が言えます。

I've just bought the ticket.
ちょうど今チケット買ったところだよ。

She hasn't come to the office yet.
彼女まだ出社してないですね。

I've already bought the ticket.
もうチケットは買ったよ。

Have you called the client already?
(yetでもok)
もうクライアントに電話した？

223ページで覚えた「I haven't」がまさに完了の意味でしたが、オプションワードで完了の意味が強調され、「経験」「継続」との差別化にもなります。

2 経験

オプションワード before ever never

経験では上記3つを使い「以前〜したことがある」「〜したことがない」「〜したことありますか？」が言えます。

I've used this machine before.
この機械は前に使ったことがあります。

Have you ever lost your memory when you're drunk?
酔っぱらって記憶を無くしたことはありますか？

現在完了では三単現のSも適用されるため、Heが主語ならhaveはhasに変化します。肯定疑問でも同様です。1の完了では「haven't」つまりnotで否定しましたが、**経験では「have never」つまりneverで否定します。**

My boyfriend has never bought me a present.
彼氏からプレゼントをもらったことが一度もないんです。

3 継続

オプションワード for　since　be ~ ing

継続では上記3つを使い「ずっと〜している」「ずっと〜していない」「ずっと〜してるんですか？」が言えます。

I've been a teacher for 25 years.
私は教師歴25年です。

beenとはbe動詞の過去分詞なので、be動詞を使いたい時にももちろん使います。

forは2時間、3週間、4か月間、などの「間」も指します。

I haven't had a drink with anyone since last month.
先月からもうずっと誰とも飲んでないんですよ。

sinceはよくブランドやお店の看板に書いてある、あのsinceです。「〜以来」「〜から」という意味で、以下のように使えます。

5年前から　since 5 years ago

子供の頃から　since I was child

継続の質問はhow longとセットになることが多いです。

そして継続のみ現在進行形ingと合わせて使います。

How long have you been dating?
どれくらい付き合ってるの？

現在完了と一緒に覚えたい裏技

主語に迷ったらThey

現在完了、覚えることがとにかく多くて泣きそうです。

そうなっちゃいますよね。私も中学で習った時にはきちんと理解できませんでした。**練習で混乱したら、何度でも基本の3フレーズ**（223ページ）**に立ち戻りましょう。**あの3つだけで、現在完了の7割は使いこなしていることになりますよ。

確かによく使います。特に「まだ決まってない」って言う機会が多かったです。

どんな英文にしましたか？

It haven't decided.

それですと主語がItなので、It＝物が何かを決めるという意味になってしまいます。まだ決めていないのは「私」ですよね。主語は私でI haven't decided.となります。

そっかー。でも仕事の休みとか、映画の公開日とか、自分で決めないこともありますよね。その時は主語に迷っちゃいます。

具体的な決定者がいるなら、その人が主語になりますね。仕事の休みを決めるのが上司なら、主語はMy boss。

映画公開日や商品発売日のように誰が決めるか具体的に言えない場合はTheyが便利です。

私は**「顔の見えないThey」**と呼んでいます。

Theyは「彼ら」っていう、具体的な複数の人を指すんだと思っていました。

いえ、こういった「誰がやっているのか明確じゃないこと」にTheyは自然にはまります。主語に迷ったら、こんな感じでTheyを試してみてください。

They say I'm fashionable at work.
私、職場ではオシャレって言われてるんですよ。

They decided to cancel the release of the videogame.
そのゲームの発売中止になったって。

They can keep your baggage at the hotel.
あのホテルなら荷物預かってくれるよ。

What language do they speak in Brazil?
ブラジルでは何語を話すんですか？

現在完了に大混乱のあなた

早く慣れたいなら無理やり使おう

先生、今日はこれ以上新しいことは無理です。頭がパンパンです！ 涙

大丈夫ですよ、ここからは応用について、かるくお話しするだけです。覚えることが多いと、慣れるのに時間がかかるので、一歩ずつ、着実にいきましょう。基本の3フレーズさえ使えたら今は十分です。

あの3つは使いどころがわかりやすいからいいんですけど、他はけっこう迷ってしまいます。過去進行形がいいのか、継続がいいのか、みたいな。例えば「英会話を半年習っています」って言いたい時に3つで迷います。

I study English for half a year.

I' m studying English for half a year.

I' ve been studying English for half a year.

3つも候補を出せる時点ですばらしい！　この段階では、迷ったらとりあえず現在完了を使ってみてください。多少不自然でも、たくさん使って現在完了に慣れることのほうが大切です。結果的に良い表現になっていることもあります。

どういうことですか？

例えば、アメリカの大統領が訪日したら、何て言いますか？

America's …boss? came to Japan.

そうそう、いいですね。The president of the US came to Japan. これを現在完了で言うとThe president of the US has came to visit Japan. ちょっと言葉は増えますが、こうすると単なる過去形よりも、ぐっと臨場感が増します。

うーん、とっさに出てこないかも……。臨場感がアップするってどういうことでしょう？

cameは過去形ですね。「現在とはつながりのない」過去の出来事として伝わります。ですが現在完了は今です。今そこにいる、というニュアンスが強くなります。映画でも、ヒーローが助けに来たらhas comeがよく使われます。

今起きたばかりの出来事を強調できるってことですね。

その通りです。has comeは「友達が来た」くらいでは使いませんが、「春が来た」とか「ヒーローが来た」なんかで耳にします。いずれにしろ、新しい文法や表現はとにかく使って慣れることです。**ミスを避けたり精度を上げるのは、言えることが増えた後で大丈夫です。**

でも「文法も気にして」って言いますよね。どれくらい気を付けたらいいんですか？

今気を付けることは3つ。ここさえできていたら、伝わります。

* **SVO**をちゃんとそろえる
* 肯定と否定の使い分け
* 現在と過去の使い分け

じゃあ現在完了でhaveをhasにするっていうのは……

会話の場では気にしなくていいです。**それより新しい文法をどんどん使いましょう！**

難しく考えなくていい

他の時制と使い分けるコツ

現在完了と過去形の違いは、今につながることかどうかです。現在と切り離された過去ではない、まさに**「今と関係のあること」**だと伝えるため、現在完了はニュースや企業の報告でも多用されます。

臨場感アップ

過去の出来事を過去形でなく現在完了にすると、より臨場感が出ます。

You've got mail.　メールが届きましたよ。

I've lost my job.　俺クビになったんだ。

現在完了では、yesterday、2days agoなどの「過去を表す言葉」は使わないほうが自然です。haveが現在形なので、yesterdayなど過去の言葉と並ぶと齟齬を起こします。

I've been to Canada 5 years ago.
カナダなら5年前に行ったことがあります。

この文は本来間違いで、次のように過去形で言うのが正解です。

I went to Canada 5 years ago.

あまり神経質になる必要はありませんが、うっすら意識して、まずは現在完了をたくさん使ってみましょう。

継続を強調

同様の言い換えで、現在進行形を現在完了進行形で言い表す方法もあります。突然出てきた現在完了進行形ですが、すでに知っている要素で作れます。

現在完了進行形の作り方　**S + have + been + 動詞ing**

これで**「今行なっている」点よりも「以前から続けている」点を強調できます。**

A 現在進行形　B 現在完了進行形

A　I'm investing in this company.
この会社に投資してるんだ。

B　I've been investing in this company.
前からこの会社に投資してるんだ。

A　I'm not talking to my boyfriend.
彼氏と話していない。

B　I haven't been talking to my boyfriend.

彼氏とずっと口きいてない。

こういった言い換えをとっさに行うのは簡単ではありません。

普段の自宅学習に、作文や言い換えの練習をぜひ取り入れてみてください。

これで現在完了の説明は全て終わりです。

やっと終わった……。

現在完了の仲間には過去完了、未来完了もあるのですが……

ホントもう勘弁してください。十分です。涙

スピーキングではほぼ使わないので、飛ばして大丈夫です。耳にする機会も多くありませんし、使う機会は更に少ないです。もっと大事なことに時間を使いましょう。

おすすめ教材

『ケンブリッジ英文法』257~259ページ

目標は正答率8割！　問題集では満点を取れても、実践の会話で間違えることはよくあります。この問題では、様々な表現を混ぜて使うことを要求されます。8割正解すれば、十分実用レベル。がんばってください！

「聞いたらわかる」でOK！

「受け身」は できるだけ使わない

これから受け身（受動態）についてお話ししますが、理屈だけ覚えたら、できるだけ使わないでほしいのです。

えっ、じゃ覚えなくていいんですね！

自分で使えなくてもOKですが、聞いたらわかる状態が理想です。ここまでSVOという構造に慣れてもらったので、下手に受け身を使ってそれを崩したくありません。

確かにSVOの語順には、ちょっとずつ慣れてきました。

受け身ではSの箱に物が入ることが多いです。「映画が公開される」なら映画がSに入りますね。ですが、今はせっかくTheyを主語にSVOで文章にできます。ここで受け身を使い出すと、今までの表現が上達しなくなってしまいます。

だったらもっと後回しでもいいんじゃないんですか？

残念ながら、受け身は一般的な表現なので、自分が聞き手の時に理解できないと困ってしまいます。理屈だけ学んで、自分で話す時には

できるだけ使わないようにしましょう。

受け身の作り方

S + **be**動詞 + 過去分詞 + by ~　　Sが～に～された。

be動詞と過去分詞を使います。

これで「Sが～された」という文章になり、更に「～により」という情報をつける場合はbyを使います。

The trumpet was sold yesterday.
あのトランペットなら昨日売れちゃったよ。

My idea was stolen by my co-worker.
同僚にアイディアをパクられた。

これらは受け身を使わなくても、主語の選択に気を付けて以下のように言えます。

I sold the trumpet yesterday.

My co-worker stole my idea.

特に要注意なのが二つ目の文章の「盗まれた」「取られた」。ついつい「盗まれたのは私だから」と考えて

I was stolen my idea by my co-worker.

と言ってしまいます。

日本文から英文にする時は「盗まれた」は「盗んだ」になるため、主語は盗

んだ人です。

　例えば映画の公開なら、「公開された」が「公開する」と受け身でない状態にします。主語は235ページでも扱った「They」ですね。

They released the movie last week.
その映画なら先週公開されたよ。

They changed the date of my interview.
面接の日にち変更になっちゃった。

「主語を具体的に言えない」「誰が、はあまり重要ではない」という際に、theyを主語にすると自然な文章になります。
　この「受け身」の文法があるので、Lesson4でbe動詞とdo動詞を混同しないことを強調しました。
　受け身のつもりがなくても、be動詞とdo動詞を並べると受け身の意味に認識され、正しく伝わらない可能性があるのです。

Mission 19

以下の日本文を、受け身を使わずに英文にしてみましょう。

1　弟にスマホの画面割られたの。
2　お母さん昔ライオンて呼ばれてたんだって。
3　最初の料理が運ばれてきた。
4　なぜかパスポート返してくれなかったの。
5　まだチケット届いてないな。

解答例

1　My brother broke my phone screen.
2　They called my mother Lion long time ago.
3　They brought the first plate.
4　They didn't give me back my passport.
5　They haven't sent my ticket.
　I haven't received my ticket.

受け身なら……

1　My smartphone screen was broken by my brother.
2　My mother was called 'the Lion' long time ago.
3　The first dish was served.
4　Somehow my passport was not returned.
5　My ticket has not been delivered yet.

Mission20

自分の好きな映画、見た映画を紹介してみましょう。

達成条件

＊ 外国人に好きな映画の登場人物、あらすじ、見どころ、監督名などを説明し、誤解なく伝わる。

映画のようなフィクションの内容の説明は、自分の経験を話すよりも難易度が高くなります。

経験であれば多少間違えても聞き手が想像して意図を汲めますが、フィクションでは非現実的なことが起きるため、聞き手の想像に頼れません。

例えば「母」と「殺人犯」は発音が似ています。

Mother　マダー　　　Murderer　マダラー

自分の出来事を話して「殺人犯」と聞こえたら、聞き手は「ん、マザーかな？」と気づけますが、映画では殺人犯でも十分ありえます。

「そこに遅れて母が来たんです。」

「そこに遅れて殺人犯が来たんです。」

他にも前置詞の間違いだけでも意味が大きく変わります。

アイアンマンとソーが戦いだしたんです。
Iron Man started to fight Thor.

アイアンマンとソーが一緒に戦いだしたんです。
Iron Man started to fight with Thor.

敵対と共闘では話が全く変わります。

このMissionでは、単語の選択や文法の精度が問われます。

最初は設定が簡単なものを選んで、徐々に難易度を上げても良いでしょう。

SFやファンタジーのような自分の人生から遠いものは難しく、企業の話など現実に近いものの方が易しいです。

もし映画をあまり見ないなら、本でもアニメでも、ストーリーのあるフィクションなら話題にできます。

紹介文モデル

I want to talk about my favorite comic book, Thermae Romae. It became a movie, too.
It's very funny comedy, a man from old Rome country, 2000 years ago time travels to this Japan. He gets many culture shock in home, city, many places. Like, he sees washlet. You know washlet? And he imagines people do it by hand. Open the toilette cover, splash water.
And he loves bath. Actually he time travels through bath tub. Bath is also popular in old Rome, so he is very excited to see Japanese bath culture. And he brings the ideas to his country, try to do the same, and Rome people love his ideas.

Cold sweet coffee milk drinks after bath, and so on. Maybe you can try the movie. Especially first 30 minutes is very interesting.

日本語訳

テルマエ・ロマエっていう私のお気に入りの漫画があるんですよ。
映画にもなったんですけど。すごい面白いコメディで、2000年前のローマから男の人が現代の日本にタイムスリップするんです。で、日本の家とか町ですごい衝撃を受けるんですよ。例えばウォシュレット見て、あ、ウォシュレットわかりますよね。で、人が手で操作してるって思っちゃうんですよ。便座カバー上げたり水流したり。
あと、その人お風呂大好きなんです。実際タイムスリップもお風呂からするんですよ。ローマでもお風呂ってすごい人気で、だから日本のお風呂の文化にすごい感動するんです。そのアイディアをローマに持って帰って、再現しようとして人気になるんです。お風呂上がりのコーヒー牛乳とか。
良かったら映画版見てみてください。特に最初の30分はかなり面白いですよ。

実写版はlive actionといいますが事前に知らないと使えません。他の表現ももっと適したものがありますが、まずは手持ちの単語だけでもこれくらい言えますよ、というサンプルのためにこうしました。文法も細かいところは間違っていますが、最低限正しい文法を心掛けて、細かいことは気にせず話してみてください。

POINT

現在完了は主に完了・経験・継続の3つの意味がある。

使い分けは以下のオプションワードで行う。

完了　just／yet／already

経験　before／ever／never

継続　for／since／be~ing

主語に迷ったらTheyを使おう。

たくさん文法を覚えたけど、現時点で実践で気にするのは3つだけ。

1 SVOをちゃんとそろえる

2 肯定と否定の使い分け

3 現在と過去の使い分け

受け身はできるだけ使わない。聞いてわかればOK。

おすすめ教材

『ケンブリッジ英文法』ユニット16〜21

『瞬間英作文』Part2「中学2年レベル」㉘㉙㉚㉛

『英語の口になる』ユニット4

Lesson

ここまでくれば上級者！関係代名詞

本当はカンタンな関係代名詞

日本語にない文法だから難しく感じるだけ

さぁ、ついに関係代名詞です。よくここまで来ました！

感覚だけにたよってた時より話せるようになってきました！ でも、勉強すればするほど英語ムズカシイって思っちゃいます。

確かに楽ではありませんが、それは英語という言語が難しいからではありません。

どういうことですか？

英語で初めて「言語の構造」を学ぶから、大変なんです。イコールがあって、動詞があって、現在と過去の違いがあって。こういう文法の存在は、どの言語にも共通します。例えば現在形も現在進行形も、「する」と「している」という形で日本語に存在しますよね。

たしかに。でも日本語なら「現在進行形」なんて意識しないで使ってますもんね。

まさにそうです。文法なんて、気にしたことすらなかったのに、それを

今初めて、しかも母国語でない言語で学んでいるから、余計大変に感じるんです。車の免許を持っている人がバイクの免許を取るのは楽だけど、いきなりバイクに挑戦すると難しいのと一緒です。

バイクですか？

先に車の免許を取れば、交通ルールはひと通り頭に入っていますよね。あとはバイクの練習だけでOKです。ところがいきなりバイクの免許をとろうとすると、交通ルールから学ばなければいけません。「車ではこうだったけど、バイクだとウィンカーはどうやって出すんだろう」の前に「ウィンカーとは何か」から学ぶことになります。

ここまで学んできた文法は日本語にもあるけど、そもそも日本語の文法や構造を知らない。だから大変ってことですか？

そうです。もし日本語の文法を把握していたら、英語を学ぶのはもっと楽です。ただ、母国語なんてよく知らなくて当然です。私自身も国語に詳しいわけではありませんでした。
初めて意図的に学ぶ言語なら、何語であろうと難しいのです。もし先にスペイン語やフランス語を学んでから英語を学べば、もっとラクですよ。

なるほど〜。難しく感じるのは当たり前ってことですね。ちょっとだけ気が楽になりました！

それではいよいよ関係代名詞です。これは**日本語には存在しない文法**ですが、相当する文章はこのようなものです。

母が作るカレーが好きです。
V V
I like the curry my mother cooks.

別に普通の簡単な文章に見えます。

これまでと違うのは、1文で動詞が2つ使われている点です。「作る」と「好き」。動詞を複数使う文章には、関係代名詞が必須です。

「お金を払って店を出た」はどうですか？

それは単なる時系列です。「お金を払った」そして「店を出た」I paid the money, I left the store. と分けて作ります。

「父から借りたお金で料金を支払った」なら関係代名詞です。このように「カレー」や「お金」といった名詞に、追加で情報をつけられます。これまでの文法では「サイフの中のお金」は言えても、「銀行から借りたお金」は言えませんでした。「銀行から借りた」も「母が作る」も文章なのはわかりますか？ **名詞に文章で情報を追加できる。それが関係代名詞です。**

何となくわかってきました。もっと教えてください！

関係代名詞の作り方『入門編』

関係代名詞は「言葉を並べる順番＝語順」についての文法です。前章の現在完了に比べると、覚えることはごくわずか。

語順に慣れてしまえば、難なく会得できます。まずは定番のフレーズから慣れていきましょう。

When I was a child
私が子供だった時

疑問詞＋SVOというこの語順は、他の疑問詞を使う際にも応用できます。

What I like
私が好きなもの

Who you met
あなたが出会った人

Where he lost his wallet
彼がサイフを無くした場所

Why my boss got angry
上司が怒った理由

How my friend got back the money
友達がお金を取り戻した方法

肯定文・疑問文の前に疑問詞を１つ置けば、意味が変わります。前提として、疑問詞を置いても疑問文にならないことをお忘れなく。

この段階では、不完全な文章です。

「友達がお金を取り戻した方法」では文章ではありません。

「友達がお金を取り戻した方法を知りたい」で文章になります。

「動詞ファースト」の原則はここでも変わりません。

どんなに長い文章でも、最初に注目するのは常に文末の動詞です。

I want to know
知りたい

ここにそのまま「友達がお金を取り戻した方法」を置きます。

友達がお金を取り戻した方法を知りたい。
I want to know how my friend got back the money.
O

これはSVOのOにhowが使われている状態です。

もちろんSに入ることもあります。

彼がサイフをなくした場所は、きっとあの飲み屋だ。
Where he lost the wallet is that pub.
S V O

「飲み屋だ」には動きがないのでbe動詞を使います。余分な言葉を省くと「場所＝あの飲み屋」の構造になります。

「いきなりこんな文章は作れない」と思うかもしれませんが、今の段階では出来上がった文章を見て、意味がわかれば十分です。

その時も、しっかりと前から理解することを意識してください。英文は後ろから日本語にすると自然に訳せることが多いのですが、**リスニングでは後ろから取り掛かることはできません。**

「場所、彼がサイフをなくした、は、あの居酒屋」と、前から理解していくことに慣れましょう。

ネイティブは6歳から使うけど……

文を分ければ関係代名詞なしで言える

関係代名詞、難しいです……覚えることは少ないんですけど、語順に全然慣れません。

日本語とは逆の語順ですからね。「新しいパソコンを買ったお店」なら「お店」が最初に来ないといけないので。

あの、これって無理して使わなくてもどうにかなりませんか？「この前パンケーキを食べたカフェ、覚えてる？」だったら「私たちはこの前パンケーキを食べました。」「そのお店を覚えていますか？」と分けて話すのって、どうなんですか？

それができる時点で、自信を持ってください。複雑な文章を英文にできるまで簡略化する。お見事です。**関係代名詞の文章を作ろうとしてうまくいかない時は、単純な文章に分けて話すといいですね。**ただ、あくまで会話は双方向。自分が使わなくても相手が使いますよね。

あ、そうでしたね。相手がいるんだ。

しかもネイティブにとって関係代名詞は「難しい文法」ではありません。

6歳児でも使えます。「簡単に話してほしい」とお願いしても、使われることがあります。
使いこなせなくても、聞いてわかればOKです。……と言いたいところですが、自分で使えない文法は、聞いても大抵わかりません。表現の幅が広がることをモチベーションにして、がんばって使えるようになりましょう。

6歳でも使えるのか～。ちょっと悔しいからがんばります！

ここまでは関係代名詞の準備段階です。ここからがいよいよ、本題です。

関係代名詞の作り方 ◤中級編◢

前回は「疑問詞から文章をつなげる方法」について説明しました。

Where I went　私が行ったところ

しかし疑問詞whereでは「ところ」以上の細かいことが言えません。居酒屋も会社も観光地も全て「ところ」になってしまいます。それが関係代名詞でより細かく伝えられます。

The theme park that I went to　私が行った遊園地

このthatが関係代名詞です。同じ働きをする言葉は主に以下の3つ。

that	**人にも物にも使える** ※迷ったらthatを使えば間違いない！
who	**人専用**
which	**物専用**

どんな名詞でも、関係代名詞を使えば情報を繋げられます。

The pizza that he ordered
彼が注文したピザ

The comic book that I lost 5 years ago
5年前になくしたマンガ

The part time worker who the manager brought
店長が連れてきたバイトの人

The comedian that I saw on TV yesterday
昨日テレビで見たお笑い芸人

このような文は、疑問詞の場合と同様、次のように文中に組み込むことができます。

5年前になくしたマンガが見つかった。
I found the comic book that I lost 5 years ago.

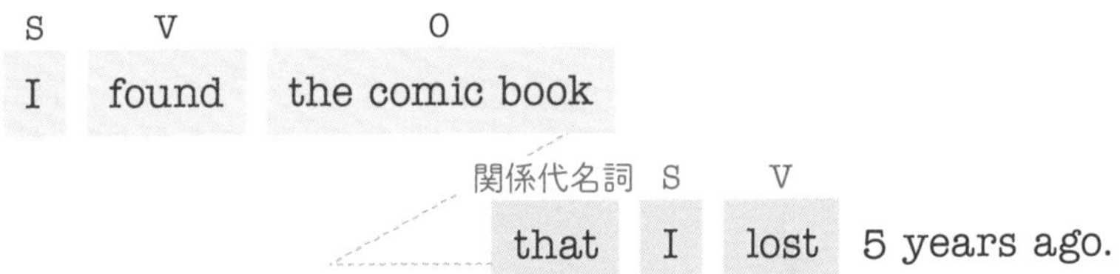

昨日テレビで見たお笑い芸人が昔の同級生に似てた。
The comedian who I saw on TV last night looked like my old classmate.

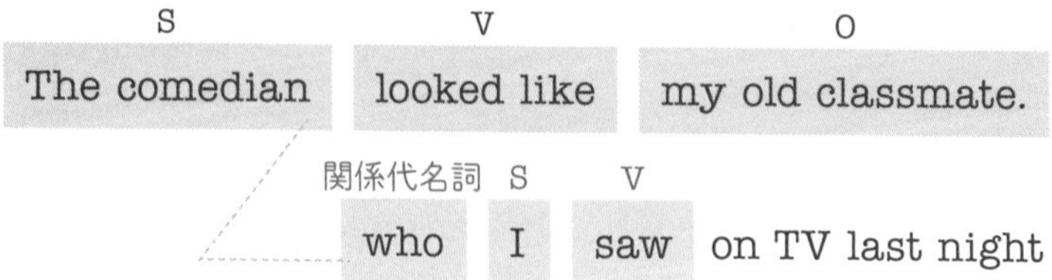

どちらの例文も、上段のSVOがメインの文章、そのSとOから伸びた下段が、情報を足すためのサブの文章です。

関係代名詞のわかりにくい点は、このthat which whoの関係代名詞を省略してもいいルールです。

彼がすすめる映画は大体つまらない。
The movies he recommends are usually not fun.

単語だけを追うとrecommendsから急にareにつながっているように見えますが、本来areとつながっているのはmoviesです。

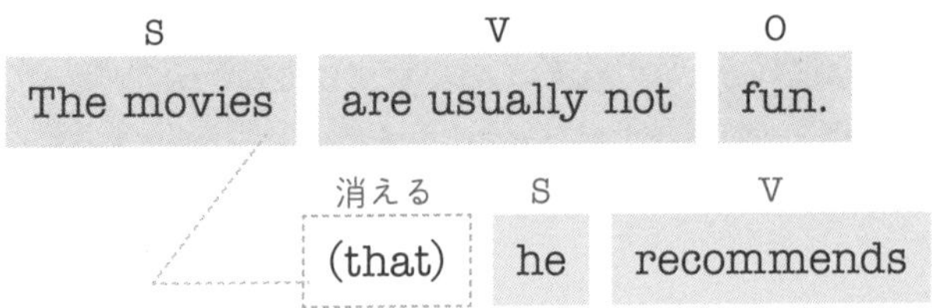

本来は図のようにthatが入っていますが、よく省略されてしまいます。そのため**言葉の切れ目が見えず、関係代名詞の文法が使われているとわからずに、理解できなくなってしまう**というわけです。

次で実際の会話で使うコツを紹介します。

「使って慣れろ」のコツ

ビギナーは SVOSVの型を使おう

新しい表現や文法に慣れるための最善の方法は、ここでもやっぱり使って慣れていくこと。とはいえ、関係代名詞はがむしゃらに使おうとしてもうまくいきません。どこに関係代名詞の文をはさめばいいのかが、わかりにくいからです。

関係代名詞ビギナーにぴったりのコツは、SVOの直後にSから文章を始めることです。つまり、SVOのOから文章の枝が伸びる構造です。

Sから伸ばすと語順が複雑になってしまうので、最初はOに限定して使ってみましょう。254ページの例文I like the curry my mother cooks.が該当します。

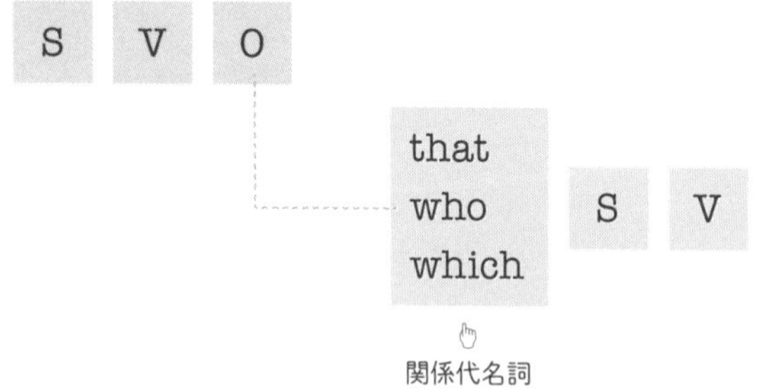

よくあるミスはこう防ぐ「1」

ここで大事なのは**まずOの箱を埋めてしまうこと。**

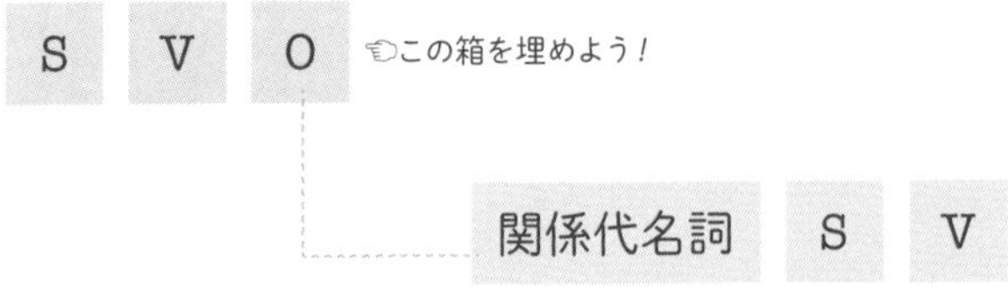

おすすめしていた映画を見たよ。
I saw the movie you recommended.

よくあるミスの一つが、以下のようにSVOのOを最後に持っていってしまうことです。

■誤■ I saw you recommended movie.

間違えてしまう気持ちはわかります。

「あなたがすすめていた映画」と言いたい時にYou recommended movieとすると、語順が日本文と同じなので自然な感じがします。しかし英語の語順を思い出しましょう。

you recommended movieは不完全なブロックではなく、SVOがそろった成立した文章です。「あなたは映画をすすめてくれた」であり、「あなたがすすめてくれた映画」になってくれません。

基本に今一度立ち返り、**Oには最低限の情報を一単語で入れます。**

I saw

ここまで作ったら、「saw, 見た、何を?」と考えると、次に来るのがthe movieだとわかります。movieに関する情報は後ろへ後ろへ足していきます。

I saw the movie (that) you recommended.
(＝movieの追加情報)

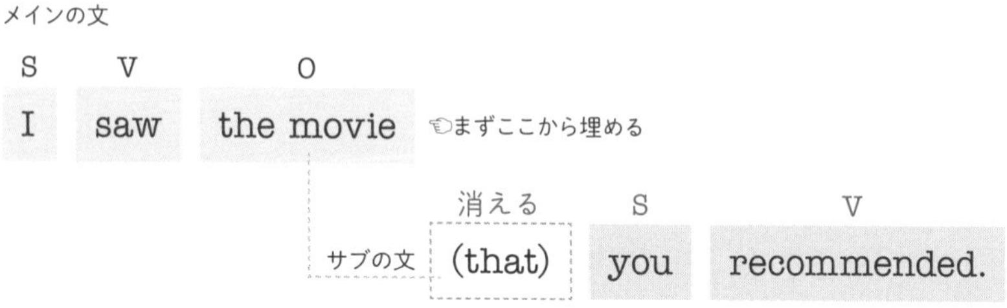

ここまで来ればどんな文章でもつけられます。

I saw the movie my sister is in.
妹が出ている映画を見たんだ。

I saw the movie I wanted to see for a long time.
長い間見たかった映画をようやく見た。

よくあるミスはこう防ぐ『2』

もう1つのよくあるミスは、movieをOの位置に持ってこれても、主語＝Iを入れずに、以下のようにいきなり動詞を持ってきてしまうミスです。

誤 I saw the movie wanted to watch for a long time.

SVOの後ろからは新たに文章を始めるので、SVが不可欠です。2つがそろってはじめて文章です。

最初のうちは「関係代名詞を使う時、SVOの次は必ず人」だと思っても構いません。もちろん物が主語になることもあり得ますが、慣れるために「必ず人を置く」と思ってください。

友達が経営しているレストランに行った。
I went to the restaurant my friend runs.

I went to the restaurant.

I went to the restaurant

後ろにすぐ人！☞ my friend (S) runs. (V)

関係代名詞を省略できないパターン

ここまで学んだのは「省略できる関係代名詞」のパターンです。省略できないのは、メインのOとサブのSが同一の場合です。

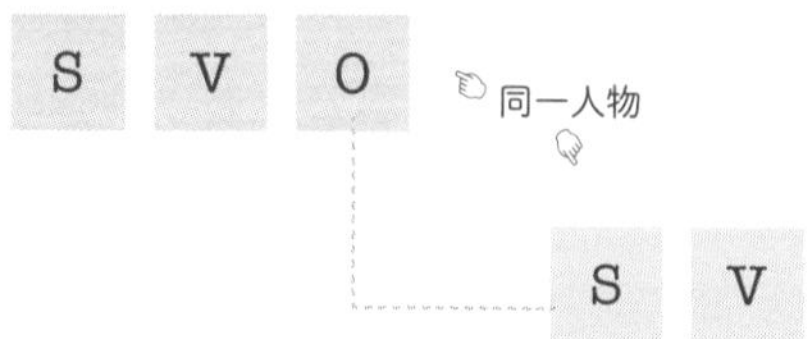

パソコンが得意な人が欲しいな。
I need someone who can use computers well.

この時欲しいのは「人(スタッフ)」であり、パソコンが得意なのも「人(スタッフ)」です。

ここでwhoを省略すると不完全な文章になります。

▌誤▌I need someone can use computers well.

OとSの一致についていちいち判断するのが大変なので、このパターンの関係代名詞は、最初は使いにくいと思います。

まずは省略していいパターンから慣れていき、Oから文章を伸ばすことを意識して練習してみてください。

Mission 21

関係代名詞を使って以下の日本文を英文にしてみましょう。

1　なんで私が作ったおにぎり食べられないの？
2　昨日拾ったサイフちゃんと警察に届けた？
3　おばあちゃんが若い頃着てた着物もらったの。
4　ネットで買ったバッグが偽ブランド品だった。
5　それは親に買ってもらった車じゃないよ。
6　小学生の頃から集めてきた漫画のコレクションを姉に売られた。
7　どこに車停めたか覚えてないの？
8　部長が考えてることが手に取るようにわかる。

英訳

1　Why can't you eat the rice balls I make?
2　Did you take the wallet you picked yesterday to the police?
3　My grandmother gave me the kimono she wore when she was young.
4　The brand bag I bought online was a fake one.
5　That's not the car my parents bought me.
6　My sister sold the comic books I've been collecting since I was an elementary school student.
7　Don't you remember where you parked your car?
8　I can clearly imagine what my boss is thinking.

Mission22

オンライン英会話の先生に好きなニュースを説明し、自分の意見を言ってみましょう。相手の意見も聞いてみましょう。

達成条件

* ニュースが要約できている。
* 自分の意見が伝わっている。
* 相手の意見が理解できる。

いよいよ最後のMissionです。

ニュース・社会問題の解説は難易度が高めです。まずは「〜川にアザラシが現れた」といった、内容がシンプルなニュースから始めると良いでしょう。政治・経済・軍事が絡むと難易度がぐっと高くなります。

関係代名詞は「おととい変換」(72ページ)と相性が良いです。

「補助金」という単語がわからない場合には、関係代名詞を使って「政府がくれるお金」The money the government givesとスムーズに言うことができます。

このように、**文法・スキルで語彙力の不足をカバーできるのです。**

毎回のレッスンに1つ、紹介したいニュースを持っていくと良いでしょう。

ニュース説明文モデル

Government announced the new calendar name, Reiwa. In Japan we use the world calendar, like 2018, and Japanese calendar. It's Reiwa 1st year now. When the emperor changes, new calendar

starts.
Before Reiwa, it was Heisei. When Heisei started, it was very sad and tough. Because Emperor change means.. You know. It gave big influence to economy. I heard from my father. But this time, before emperor gave the position to the next. He really cared about this country and how people feel, influence.
So I believe Reiwa started with kind and care. It's a little tough now, but it's going to be a good world.

新しい元号、令和が発表されたんです。日本では2018年といった西暦と、元号を使っています。今年は令和元年です。天皇が変わると新しい元号が始まるんです。
令和の前は平成でした。平成が始まった時はすごく大変だったんです。天皇が変わる時っていうのは…わかりますよね。経済にもすごい影響が出たって父から聞きました。でも今回は前の天皇陛下が位を譲ったんです。陛下は国のことと、皆がどう感じるか、影響とかすごく気にかけてて。
だから私、この時代は気遣いと真心で始まったって信じてるんです。今はちょっと大変かもですけど、きっとすごく良い時代になるんです。

本来元号はeraといった単語を使いますが、事前に知らないと使えません。知らなかったとしても手持ちの単語で言えますよ、と示すためにあえてこのようにしています。また文法も間違っているところはありますが、このくらいの精度でいいですよ、というサンプルのためにこうしています。

POINT

関係代名詞は、名詞にSVを伴う文章で情報を追加できる。

関係代名詞入門編／肯定文や疑問文の文頭に疑問詞5W1Hを置く。

関係代名詞中級編／5W1H以外の時には、直前の名詞に合わせてthat（万能）／who（人）／which（物）のいずれかで、文章で情報を足せる。

関係代名詞ビギナーは、実践ではまずSVOSVの型で使ってみる。

関係代名詞が直前の言葉を指す場合は、省略できない。

関係代名詞をとっさに使えない時は、簡単な文章に分けて話せばOK。

おすすめ教材

『ケンブリッジ英文法』ユニット50、102、103

『瞬間英作文』Part3「中学3年レベル」③⑬⑭⑮

『英語の口になる』ユニット5

文法卒業おめでとうございます！

これで文法はひと通り終わり！　ゆかりさん、よくぞここまで来ましたね。本当に本当に、お疲れ様でした。今後ほかの文法が出てきても、基本をおさえているので苦労せず習得できるはずですよ。

わー終わった！
新しい文法が出てきても、表現が広がると思うと楽しく使えそうです。
先生、私最近ますます英語が楽しくなってきたんです。
前はあんなに怖かったのに。オンライン英会話が毎日の楽しみになりました。

すばらしいです！　もう少し余裕が出てきたら、「こんな風に話したいな」と目標の人を見つけてみてください。
実在の政治家や俳優、映画のキャラやYouTuber、誰でも構いません。目指す英語がはっきりすれば、上達も早くなりますよ。

そうだなぁ、エマ・ワトソンかなぁ。

いいですね。彼女の英語は美しいです。
使う単語や速度、音量なんかでも、印象はだいぶ変わります。難しい単語で知的に話したり、優しくゆっくり話したり、スラングで若さを出したり。日本語なまりのままも素敵だし、他国のなまりを練習してもいいんですよ。

英国なまりなんて言いますもんね。

「お勉強感」をなくしていこう

今後は、学習教材以外の英語コンテンツにも触れてみてください。

映画とかテレビですか？

そうですね。今ならSNSで外国人をフォローしたり、YouTube動画もおすすめです。ファッションのコーディネート紹介、料理動画などなど好きなジャンルで構いません。最初は日本語の字幕をつけると見やすいですよ。

YouTubeはよく見ますけど、英語の動画はあんまり見たことなかったなぁ。

英語の動画に広げると、一気に世界が広がりますよ。ネイティブ以外でも、英語で投稿する人がたくさんいます。勉強と感じない形で英語に触れられる。そんなコンテンツを日常に取り入れてみてください。

それなら続けられますもんね。

英検で力試しもおすすめですよ。「自信のもてる英語力」なら英検二級はほしいです。そしていつかは、英語以外の3つめの言語にも触れてみてください。

えっ！ 3か国語めですか！

そうです。ヨーロッパに英語が得意な人が多いのは、基本文法が同じだからです。つまり、英語を学んだ今なら、英語よりずっと少ない労力で3か国語めを習得できるはずです。

「日本語と、英語とフランス語が話せます」そんな自分に憧れませんか？

英語はそういった意味でも、世界への入り口になってくれますよ。

**あー、はやく現地で喋りたい！
毎日話しているオンライン英会話の先生とも、いつか会いに行く約束をしたんです。英語でたくさん友達を作ったら、いつか3か国語めにもチャレンジしてみたいな！**

You can come see me!

ヴィンテージマンションを後にしたゆかりさん。

ちょっと前まで、いくら勉強しても話せないことで、ちょっぴりやさぐれていた。そんな過去がウソのように、今は晴れやかな気分だ。

今だって、まだまだカンペキな英語ではない。つっかえることもあるし、聞き取れないこともある。

それでもやっぱり、英語でのコミュニケーションは楽しい！

ゆかりさんは軽やかな足取りで、表参道の並木道を歩いてゆくのだった。

おわりに

これからは「英語が話せます」と言おう

本書でここまでしっかりと学んできた方でも、「英語喋れますか?」と聞かれたら自信を持って「はい」と答えられる人は多くないと思います。

その質問が日本人からなら謙遜する気持ちもわかります。でも外国人に聞かれたら、これからは「Yes, I can」と言いましょう。

「まだそんなレベルではない」と思うかもしれませんが、もう言っていいんです。

「I can speak English」と言いつつあまり話せない外国人を何人も見てきましたが、そう言ってお互いに協力してわかり合おうとする会話は楽しいものです。

一方で、もう十分にコミュニケーションがとれるのに「I can't」と答える日本人も、何人も見てきました。それは相手にとって「あんまりあなたと話したくないです」という意味にとられる可能性があるのです。

「私なんてまだまだ」といつまでも思い続けてチャレンジを先延ばしにするか。それとも自分から世界を広げて、英語を使わないとできない経験で人生を豊かにするのか。皆様にはぜひ後者であってほしいのです。

ちょっと盛るくらいでもいいですし、その後失敗したっていいので、次はぜひ、こう答えてください。

Yes, I can speak English.

2021年9月　ジュリアーノ熊代

ジュリアーノ熊代

Giuliano Kumashiro

英会話講師。ヤマトイングリッシュ代表。日本人の父とブラジル人の母をもつハーフ。見た目は完全に外国人だが、生まれも育ちも純日本(東京都日野市生まれ、和歌山県育ち)。そのため、もともと英語は全く話せなかった。赤点レベルの英語力で、17歳で単身10か月の米留学へ。絶望的に通じない日々に挫折を味わうが、あの手この手で伝わる英会話を模索。帰国後、英検1級、TESOL(英語教授法)の課程を修了し、1000人以上の生徒に英会話を直接教える中で独自のメソッド「ヤマトイングリッシュ」を確立。特技は空手(三段)と居合道(二段)。趣味はプラモデル製作。2020セミナーコンテスト東京大会優勝、全国大会3位。NHKや日本テレビなど、様々なメディアで翻訳や通訳、出演などで活躍中。

Twitter @yamatoengyt
Instagram @yamatoenglish_ent
YouTube ヤマトイングリッシュ
HP https://ursus-english.com/

have do get で英語は9割伝わります!

とっさの英語に強くなる!
魔法の万能3動詞

発行日　2021年9月25日 初版第1刷発行

著者　ジュリアーノ熊代
発行者　竹間 勉
発行　株式会社世界文化ブックス
発行・発売　株式会社世界文化社
〒102-8195 東京都千代田区九段北4-2-29
☎ 03(3262)5118(編集部)
☎ 03(3262)5115(販売部)
印刷・製本　中央精版印刷株式会社
参考図書　「ビッグファットキャットの世界一簡単な英語の本」
(向山淳子、向山貴彦、studio ET CETRA、たかしまてつを著　幻冬舎)
イラスト　市村 譲
デザイン　芝 晶子(文京図案室)
校正　株式会社円水社
Special thanks　茅島奈緒深、Max Ellis、石田徹弥、父、鵬玉会、
これまで学んでくださった全ての生徒の方々
編集　杉山亜沙美

ISBN978-4-418-21502-7